RONNY WAGNER

VOM GOLD BOOM PROFITIEREN

RONNY WAGNER

VOM GOLDBOOM PROFITIEREN

Rettungsanker seit Jahrtausenden –
die einfachste Geldanlage der Welt

FBV

Bibliografische Information der Deutschen Nationalbibliothek
Die Deutsche Nationalbibliothek verzeichnet diese Publikation in der Deutschen Nationalbibliografie. Detaillierte bibliografische Daten sind im Internet über http://dnb.d-nb.de abrufbar.

Für Fragen und Anregungen
info@finanzbuchverlag.de

1. Auflage 2021

Nymphenburger Straße 86
D-80636 München
Tel.: 089 651285-0
Fax: 089 652096

Redaktion: Ulrich Wille
Korrektorat: Hella Neukötter
Umschlaggestaltung: Catharina Aydemir
Umschlagabbildung: Goldbarren: VladKK/shutterstock.com, Goldfläche: detchana wangkheeree/shutterstock.com
Abbildungen innen: NMF OHG
Satz: Röser MEDIA GmbH & Co. KG, Karlsruhe
Druck: CPI books GmbH, Leck
Printed in Germany

ISBN Print 978-3-95972-492-0
ISBN E-Book (PDF) 978-3-96092-930-7
ISBN E-Book (EPUB, Mobi) 978-3-96092-931-4

Inhalt

Einleitung

Gold ist kein Investment wie jedes andere. Gold fasziniert und schmückt, ist Anlageprodukt und Sachwert – und lebt von seiner jahrtausendealten Geschichte als sicherer Hafen. In Zeiten von Börsenturbulenzen, Eurokrise, Coronapandemie und globaler Instabilität sehnen sich die Menschen nach einer Vermögenssicherung durch das Edelmetall – gerade auch als Alternative zu anderen Anlageformen.

Die Menschen vertrauen den klassischen Währungen, aber auch den dahinterstehenden Staaten und Regierungen, immer weniger. Die milliardenschweren Corona-Hilfen haben die Geldmenge und die Verschuldung gewaltig ausgeweitet und lassen an den sogenannten Fiat-Währungen zusätzlich zweifeln – obwohl die Maßnahmen zweifelsohne die Wirtschaft gestützt haben. Angesichts von Niedrig- oder vielmehr Minuszinsen werfen manche Anlageklassen und Vorsorgeprogramme kaum noch etwas ab. Hinzu kommt die wirtschaftliche Unsicherheit und nicht zuletzt der tiefe Wunsch nach finanzieller Unabhängigkeit. All dies führt dazu, dass Bürger nach Alternativen suchen, was am Ende nur eine Lösung nahelegt: Gold.

Woher aber kommen der Hype und die Wiederauferstehung des zwischenzeitlich angestaubten Edelmetalls? Wie ist unser Währungssystem aufgebaut, aus dem so viele flüchten wollen? Was ist überhaupt »Geld« und was »Vermögen«? Mit diesem Buch möchte ich Antworten und Anlagekonzepte liefern und auch meinen Beitrag dazu leisten, das Finanzwissen der Deutschen zu verbessern. Ich beschreibe die jahrtausendealte

Erfolgsgeschichte von Gold, seine spezifischen Eigenschaften besonders aus Anlegersicht und warum, in welcher Form und Stückelung es in jedes Depot gehört: Gold als unentbehrlicher Baustein bei der Vermögenssicherung und nicht in erster Linie als Renditeobjekt.

Dabei zähle ich mich in keinster Weise zu den Crashpropheten, die vielfach düstere Untergangsszenarien gemalt haben. Vielmehr skizziere ich Szenarien, von denen niemand vorher weiß, ob sie eintreffen werden. Mit diesem Buch erhalten Sie geballtes Hintergrundwissen und Handlungsanleitungen, wie man das Edelmetall strategisch und praktisch für sich nutzt – und zwar in guten wie in schlechten Zeiten.

Die Frage nach der Wahrheit gehört zu den zentralen Problemen der Philosophie und wurde von den verschiedensten Denkern im Laufe der Jahrhunderte unterschiedlich beantwortet. Letztlich setzte sich die Überzeugung durch, dass Wahrheit bewiesen und von der Allgemeinheit als wahr akzeptiert sein muss. Im Verstehen der Welt und ihrer Wahrheiten spielen Überzeugungen, Erziehung und moralische Grundsätze eine wichtige Rolle. Demnach hat also jeder Mensch seine eigene Wahrheit? Mitnichten. Denn es gibt Dinge in unserer Welt, die einfach stimmen und über die es keine Diskussionen gibt. Dieses unmittelbar einleuchtende, keines Beweises bedürfende Augenscheinliche wird Evidenz genannt. Eine Aussage ist wahr, wenn ihre Behauptung mit der Realität übereinstimmt. Die Wahrheit einer Behauptung hängt davon ab, ob sich allein durch Argumente ein allgemeiner Konsens herstellen lässt. Wir finden einen gemeinsamen Tenor. Das ist die Wahrheit! Dennoch gibt es viele Bereiche in unserer heutigen Gesellschaft, in denen viele Diskussionen geführt werden und keine gemeinsame Übereinstimmung erreicht wird. Der Edelmetallmarkt stellt hier keine Ausnahme dar. Die Meinungen zu Gold als Anlageobjekt sind extrem kontrovers und können unterschiedlicher nicht sein. Ein großer Teil der Finanzberater, Verbraucherschützer, Anlageexperten und Investoren ist der Überzeugung, dass Gold ein Relikt längst vergangener Zeiten ist und in der modernen Finanzwelt durch bessere Anlageoptionen ersetzt werden kann. Es erzeugt keine Zinsen und Dividenden und ist daher kein gutes Investment, so deren Überzeugung.

Fortschrittliches Denken ist geprägt davon, von Zeit zu Zeit seine eigenen Überzeugungen und die Meinungen, die man selbst für wahr hält, zu überprüfen. Doch gelingt dieser Akt den meisten Menschen nicht. Sie stecken in ihren Glaubenssätzen, Auffassungen und Urteilen fest. Sie können sich nicht vorstellen, oder wollen es gar nicht, dass etwas auch ganz anders sein könnte. Sie hängen an Autoritäten und Experten, sprechen ihnen nach und wagen es nicht mehr, selbst zu denken. Mit diesem Buch wende ich mich daher auch gegen bestimmte Systeme und ihre Protagonisten, deren Theorien, Dogmen und Behauptungen einer unabhängigen Untersuchung nicht standhalten würden.

Wissen beginnt mit der Zerstörung von Täuschungen, mit der »Ent-täuschung«. Wissen bedeutet, durch die Oberfläche zu den Wurzeln und damit zu den Ursachen vorzudringen. Wissen bedeutet nicht, im Besitz von Wahrheit zu sein, sondern kritisch und tätig nach immer größerer Annäherung an die Wahrheit zu streben.

Ich wünsche Ihnen viel Spaß beim Lesen!

1.

Vermögen, Geldanlage, Geld – der Kontext

Unser Finanzsystem – das Umfeld und Einflussfaktoren

Unser Finanzsystem ist durch stetige, ja regelmäßige Schwankungen geprägt. Oftmals hält es nur noch der Glaube vieler Menschen an die Währungen und Finanzanlagen aufrecht. Andere haben bereits »gekündigt«, Konten aufgelöst und Aktien verkauft und ihr gesamtes Geld in Gold angelegt. Was aber sind die wichtigsten Einflussfaktoren unseres Finanzsystems? Die bedeutendsten Aspekte, Mechanismen und Phänomene werde ich in diesem Kapitel beleuchten.

Der Minsky-Moment

Finanzsysteme, Wirtschaftswissenschaften, Geldpolitik – all diese Dinge sind hochkomplex. Wo selbst studierte Experten die Hände heben und passen müssen, vermögen nur sehr wenige Menschen die Zusammenhänge, die großen Linien und die scheinbar naturgesetzartig auftretenden Ereignisse zu begreifen. Zu den begnadeten Denkern und vorausschauenden Analysten gehörte dabei ohne Frage Hyman Minsky (1919–1996). Der US-amerikanische Ökonom war unter anderem Entdecker des sogenannten Minsky-Moments, eines dramatischen, aber scheinbar mit zuverlässiger Regelmäßigkeit einsetzenden Ereignisses, in dem die Finanzmärkte und Währungen kollabieren. Das Interessante dabei: Die heutigen Finanzjongleure scheinen den Minsky-Moment komplett zu ignorieren. Wie die Lemminge marschieren sie in Richtung Abgrund. Und reißen ganze Volkswirtschaften, aber auch leichtgläubige Kleinanleger mit sich.

Eine der Hauptthesen Minskys lautet, dass ein Finanzsystem im Laufe des Aufschwungs automatisch instabil wird. Das Auftreten einer Krise sei unabwendbarer Bestandteil heutiger Geldsysteme. Scheinstabilität und Selbstzufriedenheit würden nach und nach zu einem großen Schuldenüberhang und zu vielen Fremdkapitalfinanzierungen führen. Irgendwann kommt es dann zu einem Ungleichgewicht und das betroffene Finanzsystem kollabiert. Der Minsky-Moment ist da! Die Hypothese einer finanziellen Instabilität leitete Minsky vom falschen Umgang mit der Schuldenaufnahme ab. Betrachtet man die heutige Schuldensituation, kommt man zu folgendem Ergebnis: Aktuell befinden sich die weltweiten Schulden auf Rekordniveau. Annähernd 280 Billionen US-Dollar haben sich hier in den vergangenen Jahrzehnten aufgetürmt. Im Jahr 2030 werden sich diese Schulden nach meinen Schätzungen auf 360 Billionen US-Dollar ausgeweitet haben. Demgegenüber wird der Wert aller auf der Welt hergestellten Waren und Dienstleistungen (Welt-BIP) ca. 113 Billionen US-Dollar betragen.[1,2] Folgt man nun den Aussagen Minskys, kann man definitiv von einer

Situation der finanziellen Instabilität aufgrund überbordender Schuldenexzesse sprechen.

Als gefährlichste Form betrachtete er dabei die sogenannte »Ponzi-Finanzierung«. Hier können weder die Verbindlichkeiten getilgt noch die Zinsen für aufgenommene Kredite aus dem Cashflow des Schuldners bezahlt werden. Stattdessen wird bei der nach Carlo Ponzi (1882–1949) benannten »Ponzi-Finanzierung« das vorhandene Anlagegut, wie zum Beispiel Anteilsscheine an Kapitalgesellschaften oder Immobilien, zu einem höheren Preis verkauft, als für den Erwerb aufgewendet werden musste. Aus der Differenz sollen dann die Schulden beglichen, die Zinsen bezahlt und zudem noch ein Gewinn erwirtschaftet werden. Laut Minsky drohen aber große Probleme, je mehr die »Ponzi-Finanzierung« um sich greift. Daher bedeutet diese Finanzierungsmethode – aufmerksame Leser haben es sicher schon bemerkt – nichts anderes als ein Schneeballsystem. Die »Ponzi-Finanzierung« und das »Schneeballsystem« unterscheiden sich zwar in Nuancen voneinander, werden jedoch im allgemeinen Sprachgebrauch oft synonym verwendet. Ja, im Englischen steht »Ponzi scheme« für ebendiese Betrugsmasche, bei der bekanntlich Verbindlichkeiten und Ansprüche von Gläubigern mit Geldern/Einlagen von Neukunden beglichen werden. Bis alles zusammenbricht.

Der Minsky-Moment ist immer dann zu erwarten, wenn Anleger sich zu sicher fühlen. Nach dem alten Sprichwort »Wenn dem Esel zu wohl wird, geht er aufs Eis« lassen sich nicht wenige Investoren in Zeiten des wirtschaftlichen Hochs auf riskante Geschäfte ein, die nicht illegal sind, aber in ihrem Ansatz – der auf Sand gebaut ist – unweigerlich an den in Südeuropa geborenen und in Nordamerika aktiv gewesenen Signore Carlo Pietro Giovanni Guglielmo Tebaldo Ponzi erinnern. Im Vertrauen darauf, dass »schon nichts passieren wird«, leihen sie sich mehr und mehr Geld und geraten in eine immer größere Abhängigkeit.

Auf der anderen Seite stehen die Banken, die sich gern an solcherlei Kreditunternehmungen beteiligen. Im Ergebnis wird das gesamte Finanzsystem immer instabiler. Der scheinbar nie versiegende Wohlstand wird abgelöst von einer Phase zunehmender Unsicherheit. Der Minsky-Moment droht dabei nicht nur institutionellen Anlegern oder Volkswirtschaften. Auch Kleinsparer kann er teuer zu stehen kommen. Der Grund hierfür liegt in der Tatsache, dass viele Menschen sich beispielsweise dazu hinreißen lassen, Aktien vor allem in Zeiten hoher Kurse zu kaufen. Die Gier nach Gewinnen lässt alle logischen Bedenken schwinden. Doch ist der oben beschriebene und offenbar unausweichliche Minsky-Moment da, wird Heulen und Zähneklappern sein. Anleger tun daher gut daran, Investments nicht durch die rosarote Brille zu betrachten. Jede Aufwärtsphase, und dauere sie auch noch so lange an, ist einmal zu Ende. Diese natürliche Gesetzmäßigkeit wird als »Seneca-Effekt« bezeichnet, benannt nach dem römischen Philosophen Lucius Annaeus Seneca (geboren um das Jahr 1 nach Christus, gestorben 65 nach Christus). Er war ein Philosoph und Politiker und einer der meistgelesenen Schriftsteller seiner Zeit. Dieser von ihm beschriebene Effekt kennzeichnet viele Phänomene, die langsam anwachsen und schnell wieder zurückgehen. Wie sich zeigt, können Zusammenbrüche in unterschiedlichster Gestalt und überall auftreten. Sie haben die verschiedensten Ursachen und entwickeln sich auf unterschiedliche Weise. Jedoch haben alle Zusammenbrüche bestimmte gleichbleibende Eigenschaften. Es sind stets kollektive Phänomene, das heißt, sie treten nur in sogenannten komplexen Systemen auf. Komplexe Systeme weisen die Eigenschaft auf, dass sie durch viele Verknüpfungen miteinander verbunden sind. Ein Zusammenbruch eines komplexen Systems ist die rasche Neuordnung einer großen Zahl solcher Verknüpfungen. Diese Knoten sind in unserem Fall Menschen und deren Interaktionen mit ihrer Umwelt.

All diese Systeme haben vieles gemeinsam. So weisen sie alle ein nichtlineares Verhalten auf: In einem komplexen System besteht keine einfache Beziehung zwischen Ursache und Wirkung. Vielmehr kann ein komplexes System die Folge einer Störung vervielfältigen. Umgekehrt kann die Störung auch so gedämpft werden, dass das System kaum davon berührt wird. Diese Tatsachen führen dazu, dass Prognosen in komplexen Systemen unmöglich sind. Voraussagen von Experten über die zukünftige Entwicklung eines komplexen Systems sind schlichtweg Fantasterei. Sie sollten darauf keinen Pfifferling geben.

Im Umgang mit dem drohenden Kollaps des Finanz- und Währungssystems sollten wir uns deshalb an den Rat eines der bedeutendsten Stoiker halten:

Wir müssen die Dinge, die in unserer Macht stehen, möglichst gut einrichten, alles andere aber so nehmen, wie es kommt.[3]

Epiktet

Daraus folgt, dass man den »Seneca-Effekt« abmildern kann, sofern man die Veränderung akzeptiert, statt gegen sie anzugehen. Es bedeutet, dass man niemals versuchen sollte, das System zu etwas zu zwingen, was es nicht tun will, sondern sich auf die Auswirkungen auf das eigene Leben bestmöglich vorzubereiten. Die heutige Politik scheint jeden Versuch aufgegeben zu haben, sich Veränderungen anzupassen. Stattdessen greift sie zu groben, schlagkräftigen Parolen, die eine Rückkehr in die frühere Zeit des Wohlstands unmöglich machen. Ganze Zivilisationen wie beispielsweise das Römische Reich erlebten einen Niedergang und verschwanden, weil sie sich nicht an Veränderungen anpassten, ein Schicksal, das uns ebenfalls blühen könnte, wenn wir nicht lernen, die Veränderungen anzunehmen. Dabei darf man nicht vergessen, dass man zwar ein Problem beheben kann, nicht aber eine Veränderung. Veränderungen kann man sich nur anpassen.

Weder sollte der breiten Masse gefolgt werden, noch dürfen die oft zweifelhaften Empfehlungen von Beratern ungeprüft ausgeführt werden. Besser ist es, in aller Ruhe eine robuste, langfristige Strategie zu entwickeln.

Der blinde Glaube an unbegrenzten Fortschritt und der damit verbundene materielle Überfluss und Wohlstand waren es auch, die die Hoffnung und den Glauben von Generationen seit Beginn des Industriezeitalters aufrechterhielten. Von der menschlichen und tierischen Körperkraft, die durch mechanische und später nukleare Energie ersetzt wird, bis zur Ablösung des menschlichen Verstandes durch den Computer bestärkte uns der industrielle Fortschritt in dem Glauben, allmächtig und allwissend zu sein. Im Geiste der meisten Wissenschaftler und Politiker entstand der Irrglaube von unbegrenzter Produktion und damit auch von unbegrenztem Konsum. Doch wird es langsam der Mehrheit der Menschen klar, dass sich diese Verheißung nicht erfüllen kann. Und das liegt neben ökonomischen Widersprüchen an dem vom Menschengeschlecht erschaffenen System selbst. Die Entwicklung dieses Wirtschaftssystems wurde nicht mehr durch die Frage: Was ist gut für den Menschen? bestimmt, sondern durch die Frage: Was ist gut für das Wachstum des Systems? Die Schärfe dieses Konflikts versuchte man durch die These zu verschleiern, dass alles, was dem Wachstum des Systems (oder auch nur eines einzigen Konzerns) diene, auch das Wohl der Menschen fördere. Der Mensch kümmert sich nicht mehr um sein Leben und sein Glück, sondern um seine Verkäuflichkeit.

Der Konjunkturzyklus: Permanentes Auf und Ab

Als »Konjunkturzyklus« wird die typische Abfolge von inflationärem Aufschwung (Boom) und deflationärem Abschwung (Bust) der Gesamtwirtschaft bezeichnet. In einer Boomphase florieren der Konsum und die Investitionen. Auslöser ist die Ausweitung der ungedeckten Geldmenge. Im Zuge dieser Entwicklung kommt es zu massiven fehlerhaften Zuteilungen von Wirtschaftsgütern. Dabei handelt es sich um falsche Entscheidungen über den Gütereinsatz. Wahrgenommen werden diese Entscheidungen jedoch nicht als Fehler, sondern es kommt dem Wirtschaftsteilnehmer als ein fantastischer Erfolg vor, diese Entscheidungen getroffen zu haben. Unternehmer verdienen normalerweise daran, die richtigen Produkte zur richtigen Zeit dem richtigen Kunden zu verkaufen. Doch im inflationären Aufschwung bringt der falsche Gütereinsatz dem Unternehmer einen ansehnlichen Erfolg. Diese Entwicklungen führen zu einem nicht nachhaltigen Wirtschaftsaufschwung. Die Wertschöpfung nimmt ab und die Tilgung von Darlehen gerät ins Stocken. Daran schließt sich eine Phase wirtschaftlicher Abkühlung mit steigenden Arbeitslosenzahlen, Unternehmenskonkursen und Zahlungsausfällen an. Ein regelmäßiger Lauf der Dinge in modernen Volkswirtschaften.

Potemkinsche Dörfer statt Goldener Konstante

Man kann die Realität ignorieren, aber man kann nicht die Konsequenzen einer ignorierten Realität ignorieren.

Ayn Rand

Medien und Interessenvertreter zeichnen überwiegend ein positives Bild unseres heutigen Geldsystems: Aktienmärkte auf dem Weg zu neuen Höchstständen, starkes Wirtschaftswachstum, weniger Firmenpleiten, massive Staatsverschuldung, die all das noch am Laufen halten. Durch die Coronakrise muss man daran zwar einige Abstriche machen. Doch hat ausgerechnet das vermeintliche Meistern dieser Phase den Glauben an die Robustheit des Systems wohl noch gesteigert. Allerdings sind die – potenziellen und tatsächlichen – Probleme unseres heutigen Systems enorm, eine Liste beängstigend lang. Viele davon wurden durch die finanzpolitischen Corona-Maßnahmen noch verstärkt; andere übertüncht oder verzögert – wie überfällige Firmenpleiten von »Zombiefirmen«:

- Steigende Defizitfinanzierung,
- Schuldenexplosion,
- Bevorstehender Zusammenbruch der Schulden- und Assetmärkte (Deflation),
- Unbegrenzte Geldschöpfung,
- Zusammenbruch des Papiergeldsystems,
- Ausfall von Banken und des Finanzsystems,
- Inflation, Hyperinflation,
- Bevorstehende Knappheiten bei physischem Gold und Silber,
- Ausfall der Gold- und Silber-Papiermärkte,
- Politischer Umbruch, Marxismus,
- Politische Unruhen, Bürgerkrieg,
- Geopolitische Probleme, große Kriege.

Wohlgemerkt beinhaltet diese Aufzählung viele mögliche Problemfelder. Manche von ihnen liegen in weiter Ferne, sind aber keineswegs irrelevant. Zu oft haben wir in den vergangenen Jahren lernen müssen, dass selbst vorher als unglaublich angesehene Dinge plötzlich Realität werden. Was heißt das für Investoren und Anleger? Alle Bewertungen vor allem von Finanzanlagen in beliebig vermehrbarem Papiergeld sind nur Potemkinsche Dörfer in unserem globalen Finanzsystem. Beim Begriff des »Potemkinschen Dorfs« handelt es sich um ein Synonym für Trugbild, Blendwerk und eine Fassade, hinter der sich nichts weiter befindet. Anders als Charles Ponzi ist die damit verbundene Person aber zu Unrecht der Namenspate für dieses Phänomen. Trotzdem verbirgt sich dahinter eine lehrreiche und eben auch sprichwörtliche Anekdote.

Die Zarin Katharina II., auch »Katharina die Große« genannt, befand sich auf einer Inspektionsreise durch ihre südrussischen Provinzen und die Krim. Der dortige Gouverneur, so heißt es, habe bei ihr Eindruck erwecken und umfangreiche Ortschaften seines angeblich blühenden Landes vorführen wollen, die es in Wahrheit gar nicht gab. Nichts als Häuserfronten habe Grigori Alexandrowitsch Potemkin, der Hochstapler, errichten lassen – und mit dieser Vorspiegelung die Herrscherin samt großer Begleitung erfolgreich getäuscht. Noch heute allerdings kann sich jeder von Potemkins wahren Bauwerken überzeugen, der durch Odessa, Sewastopol oder auch Dnipro (das frühere Dnjepropetrowsk) fährt. Allerdings sind viele von ihnen inzwischen verwittert, angegraut, in die Jahre gekommen – eben oft nur noch Fassade. Und damit stimmt das Bild wieder, auch wenn Fürst Potemkin wahrlich für den heutigen Zustand seiner einstigen Prachtbauten nichts kann.

Inflation und Deflation

»Inflation« kommt vom lateinischen Wort für »aufblähen« und bezeichnete ursprünglich die Ausweitung der ungedeckten Geldmenge. Gemeint ist damit

- die Produktion von mehr Münzen aus der gleichen Edelmetallmenge durch Zumischung unedler Metalle,
- das Ausstellen zusätzlicher Lieferscheine, ohne dass die gelagerte Menge zunimmt,
- die Vergabe zusätzlicher Kredite, ohne dass die Sicherheiten zugenommen haben, und
- der Ankauf von Schuldtiteln aus eigens dafür künstlich geschöpften Geldmitteln.

Das allgemeine Preisniveau umfasst nicht nur die täglichen Konsumausgaben, sondern ist deutlich weiter gefasst. Auch die deutlichen Kurssteigerungen beispielsweise an den Aktienmärkten oder Immobilienpreise haben Einfluss auf das allgemeine Preisniveau. Gold etwa ist 2021 um knapp 13 Prozent im Preis gestiegen.

In der volkswirtschaftlichen Forschung gibt es eine einfache Faustformel zur Ermittlung der Inflation. Danach berechnet sich die Inflationsrate entsprechend dem Wachstum der Geldmenge minus dem Wirtschaftswachstum. Das ist logisch. Denn normalerweise sollte die Geldmenge bei einem gesunden Geldsystem durch die Wirtschaftsleistung eines Staates gedeckt sein. Steht der Geldvermehrung keine entsprechend gestiegene Wirtschaftsleistung gegenüber, ist das Ergebnis Inflation. Für Deutschland ergibt sich dieser Berechnungsmethode entsprechend für das Jahr 2020 eine Inflationsrate von über 16 Prozent – also weit mehr, als es die offiziellen Daten von 0,5 Prozent[4] suggerieren. Laut Angabe der Europäischen Zentralbank von Ende Dezember 2020 stieg nämlich die umfassendste Geldmengendefinition M3 im Euro-Währungsraum um zwölf Prozent[5] gegenüber dem Vorjahr – und dieses Wachstum hat sich 2020 deutlich beschleunigt. Laut einer Prognose des Deutschen Instituts für Wirtschaftsforschung e.V. (DIW) wird das BIP im

Jahr 2020 in Deutschland aber um 5,1 Prozent gegenüber dem Vorjahr sinken.

Ist das aber der einzige Grund, warum die Behörden in Deutschland, in den USA und in vielen anderen Ländern die Inflationsraten gern nach unten rechnen? Wohl kaum. Ein Zitat des berühmten britischen Ökonomen John Maynard Keynes (1883–1946) nennt das Kind beim Namen: »Mit dem kontinuierlichen Prozess der Inflation kann der Staat heimlich und unbeachtet einen großen Teil des Reichtums seiner Bürger konfiszieren. Mit dieser Methode können die Regierungen nicht nur konfiszieren, sondern willkürlich konfiszieren. Der Prozess stellt alle verborgenen Kräfte der ökonomischen Gesetze in den Dienst der Zerstörung, und er macht es auf eine Art und Weise, die nicht einer aus einer Million Menschen zu erkennen vermag.«[6]

Diese Ausweitung der ungedeckten Geldmenge täuscht – im Gegensatz zu einer Ausweitung der gedeckten Geldmenge – über das Ausmaß der real vorhandenen Güter und Ersparnisse und setzt eine ungerechte Umverteilung von Vermögenswerten in Gang. Heute wird Inflation meist als Synonym für »Teuerung« verwendet. Der Preisanstieg ist jedoch nur eine Folge der Inflation. Während die Ausweitung des Konsum- und Investitionsgüterangebots den Reichtum einer Gesellschaft mehrt, gilt das jedoch nicht für die Ausweitung der Geldmenge ohne entsprechende Erhöhung der Wirtschaftsleistung einer Volkswirtschaft. Die Geldmengenausweitung führt lediglich zu einem Umverteilungseffekt. Ökonomen sprechen vom »Cantillon-Effekt«. Dieser besteht daraus, dass sich eine Erhöhung der Geldmenge nicht automatisch gleichmäßig unter allen Wirtschaftsteilnehmern verteilt, sondern in Kaskadenform in alle Bereiche einer Volkswirtschaft einströmt. Diese stufenförmige Ausbreitung lässt natürlich gewisse Gruppen (Banken, staatsnahe Firmen oder politisch begünstigte Gruppen) zuerst profitieren.

Zinsen als Einnahmequelle funktionieren für Investoren und private Kleinanleger schon lange nicht mehr. Vorbei die Zeiten Anfang der 1980er-Jahre, als es mehr als zehn Prozent pro Jahr mit Bundesschatzbriefen gab.[7] Die magere oder negative Rendite wird nun jedoch von der Inflation in die Zange genommen: Viele Jahre war die Geldentwertung niedrig, was je nach politischer Sichtweise geradezu ein Resultat der EZB-Niedrigzinspolitik war. Denn eine Geldschwemme führt dem Lehrbuch nach schließlich zu steigenden Preisen. Dagegen lag die Inflationsrate in Deutschland 2015 bei gerade einmal 0,5 Prozent. Ende 2016 schlug das Pendel auf 1,7 Prozent aus. Im Januar 2017 wurde die magische Grenze von zwei Prozent gerissen.[8] Die reale Geldvernichtung war wieder in Deutschland angekommen: Inflation und Nullzinspolitik gleichzeitig.

Doch das für deutsche Verhältnisse »hohe« Niveau flachte dann wieder deutlich ab und lag im September 2020 mit minus 0,2 Prozent sogar unter null.[9] Diese Zahlen betreffen jedoch immer den gesamten »Warenkorb« des Statistischen Bundesamts. Je nach Lebensstil, Vermögen, Interesse oder Anlagemotiven schlagen indes die realen Preise für die jeweilige Produktklasse zu, lange Jahre bei Energie, vor allem aber bei Immobilien, deren Preise zweifelsohne erst durch das billige Geld nach oben getrieben wurden. Dabei strebt die EZB übrigens eine Inflationsrate von zwei Prozent an und würde auch eine höhere Zahl tolerieren. Die derzeitige Rate ist ihr also zu niedrig.

Trotz des Nichtvorhandenseins einer Teuerung warnen führende Ökonomen wie der frühere ifo-Chef Hans-Werner Sinn gerade angesichts der Geldflutung und aus dem Ruder gelaufenen Verschuldung vor den Folgen – in Form von Inflation oder gar Deflation. Entscheidend für das Verständnis unseres Geldsystems ist nämlich besonders auch die Deflation, die Reduktion der Geldmenge. Die ungedeckte Geldmenge kann durch Rückzahlung von Krediten sinken, wenn nicht zugleich mehr neue Kredite vergeben werden, oder durch Zahlungsausfälle von Schuldnern, auch verschuldeten Staaten. Deflation tritt heute meist im Zuge der wirtschaftlichen Verwerfungen durch Inflation auf. Es handelt sich dann entweder um eine Phase, in der das Vertrauen aufgrund einer Wirtschaftskrise so niedrig ist, dass weniger Kredite vergeben werden, als Schuldner zahlungsunfähig werden oder zurückzahlen. Oder aber es handelt sich um verzweifelte Interventionen des Staates oder der Zentralbanken, die versuchen, die Folgen vorheriger Inflation unter Kontrolle zu bekommen. Diese Art von Deflation entspricht einer Enteignung der Sparer. Heute wird »Deflation« meist als Synonym für »Vergünstigung« verwendet. Vergünstigung kann eintreten, wenn die Geldmenge sinkt. In der Regel tritt sie aber durch Produktivitätswachstum auf und bedeutet steigenden Wohlstand.

Was ist nun schlimmer, Inflation oder Deflation? Deflation ist die notwendige Folge von Inflation. Denn früher oder später nähert sich aufgeblähtes »Fiat-Geld« seinem inneren Wert null an. Verteuerung ist schlimmer als Vergünstigung, denn Erstere steht für Verarmung, Letztere für Wohlstandswachstum. Alle Vertreter der berühmten Wiener Schule (unter anderem Ludwig von Mises und Friedrich August von Hayek) standen einer inflationären Politik ablehnend gegenüber, da Inflation eine versteckte und damit besonders unehrliche Steuer ist, die sparsame Menschen bestraft und Politikgünstlinge belohnt. Darum ist Inflation politisch so beliebt und wird auch von der EZB angestrebt, und es wird bewusst Angst vor Deflation gemacht – wobei fälschlicherweise sinkende Preise mit krisenhafter Geldmengenkontraktion gleichgesetzt werden. Der Ökonom und Sozialphilosoph österreichischer Herkunft Friedrich August von Hayek, einer der bedeutendsten Vertreter der Österreichischen Schule der Nationalökonomie, erkannte bereits frühzeitig, dass man nicht ein wenig Inflation haben kann.

Denn ein wenig Inflation führt immer zu mehr Inflation und höhere Inflation unweigerlich zu noch höherer Inflation. In meinen Augen beschreibt Hayek hier das »Öffnen der Büchse der Pandora«. »Die Büchse der Pandora« stammt aus der griechischen Mythologie. Die Überlieferung besagt, dass Pandora die erste Frau gewesen sei, die es auf der Welt gab. Der Göttervater Zeus erschuf Pandora einst aus Lehm, um die Menschen und den jungen Titanen Prometheus für das Stehlen des Feuers der Götter zu strafen. Eines Tages gab der listige Zeus der wunderschönen Pandora eine geheimnisvolle Büchse. Diese sollte Pandora an alle Menschen weitergeben, aber ihnen verbieten, sie zu öffnen. Doch Pandora hielt sich nicht an die Absprache. Zu groß war ihre Neugier. Was befand sich in der Büchse? Alles Schlechte! So breiteten sich Krankheiten, Tod und Übel über die Menschheit aus. Zeus hatte seine Rache bekommen. Aus diesem Mythos entstand schließlich die heute bekannte Redewendung »die Büchse der Pandora öffnen«. Sie wird heute so interpretiert, dass das Öffnen der Büchse zum Entweichen der darin befindlichen Übel führt, welche dann in der Welt sind und dort Leid und Kummer verursachen. Und Inflation ist sicherlich als eines dieser Grundübel der heutigen Zeit zu betrachten. Ist sie einmal in Gang gesetzt, kann sie nicht mehr kontrolliert werden. Mainstream-Ökonomen und Zentralbanker sollten sich dieser Kontrollillusion, dem Glauben, Vorgänge kontrollieren zu können, die objektiv betrachtet nicht kontrollierbar sind, nicht hingeben.

Zinsen, Zinspolitik und Schulden

Viele Elemente und Faktoren prägen die Finanzmärkte, die Performance der Anlageklassen und damit auch den Preis von Gold: der Ölpreis, die Preise von anderen Rohstoffen und Edelmetallen, der US-Dollar, Arbeitsmarktzahlen, die Exportstärke und die Konjunktur – aus Anlegersicht natürlich auch der Kurs des Euros oder Frankens zum Dollar. Besonders einflussreich ist hierbei aber der Zins, besser gesagt: der Leitzins. Auch unabhängig davon, ob man sich Geld leiht und dafür Zinsen bezahlen muss oder ob man Zinsen als Einnahmequelle benötigt, ist er für jeden Anleger von höchster Bedeutung. Der Zins ist ein wichtiger Umfeldfaktor, gerade auch politisch und währungspolitisch. Leitzinsen bestimmen in den USA die Schulden auf langjährige Staatsanleihen – ein zentrales Anlagevehikel – und sie bilden auf diese Weise einen weiteren wichtigen Maßstab am Kapitalmarkt. Die EZB verfügt über drei Zinssätze. Der »Zinssatz für das Hauptrefinanzierungsgeschäft« ist der wichtigste Leitzins der EZB und wird daher häufig auch als »der Leitzins« bezeichnet. Zu diesem Zinssatz wird den Geschäftsbanken Zentralbankgeld zur Verfügung gestellt. Für jemanden, der von Zinsen oder davon abhängigen Erträgen lebt, ist der Zins naturgemäß das Element, von dem er zehrt – wenn eben nicht die Inflation diesen Erlös real aufzehren würde. Für uns ist diese Gefahr derzeit nicht zu sehen, aber gerade Schwellenländer wie die Türkei, Mexiko, Brasilien oder Südafrika machen immer wieder diese Erfahrung.

Seit Jahren wird der niedrige Zins der EZB thematisiert und vor allem kritisiert – aber nur wenn man die Ertragssicht einnimmt oder gar Minuszinsen zahlen muss (bei der EZB: »Zinssatz für die Einlagefazilität«, den die Banken gegebenenfalls an die Kunden weitergeben). Wer sich Geld leiht, etwa für den Immobilienkauf, profitiert davon (wobei der Niedrigzins wiederum die Immobilienpreise befeuert hat). Der Leitzins der EZB liegt seit März 2016 bei null Prozent, gegenüber beispielsweise 4,25 Prozent im Jahr 2008. Für die Einlagen der Banken lag er bereits seit 2011 bei null und liegt seit 2014 im Minusbereich. Der Zins gilt für alle 19 Euroländer und soll Geld billig machen, also das Geldangebot erhöhen. Die Festlegung des Zinssatzes steht dabei in engem Zusammenhang mit der Eurokrise (vor allem in Griechenland, aber auch anderen Ländern wie Italien) und der lahmenden Konjunktur besonders in südeuropäischen Ländern. Darauf hat die EZB schließlich mit billigem Geld und damit extrem hoher Liquidität am Markt reagiert. Dies sollte Investitionen ankurbeln und Wirtschaft und Beschäftigung befeuern. Gleichzeitig hat sie die Schuldenpolitik und den Schuldenstand aller Staaten, aber auch der deutschen Bundesländer beeinflusst.

Die Zinspolitik lädt Staaten europaweit zum Schuldenmachen ein, wobei einige Länder wie Deutschland sich mit Minuszinsen Geld leihen konnten und können. Der ehemalige Chefvolkswirt der EZB, Jürgen Stark, fand hierfür im Herbst 2020 in der Tageszeitung *Die Welt* deutliche Worte – auch im Hinblick auf die Fehlkonstruktion des Euros, unter dem so viele unterschiedliche Länder versammelt sind: »Die Coronapandemie hat eine Schulden-Pandemie zur Folge. Angesichts der unkontrollierten Explosion der Staatsschulden im Euroraum bleiben Forderungen nach Schuldenstreichung, der Änderung des europäischen Vertragswerks und nach der Umwidmung der ESM-Mittel natürlich nicht aus. Daran ist nicht viel Neues. Aber jetzt nimmt man die katastrophale Finanzlage infolge der Coronakrise in Ländern mit chronisch unsoliden Finanzen zum Anlass, diese Forderungen mit noch mehr Nachdruck zu erheben. Hier zeigt sich erneut, dass wir politisch und ökonomisch unqualifizierte Mitgliedstaaten in die Währungsunion aufgenommen haben.«[10]

Auch die Rolle der weltweit wichtigsten Zentralbanken sieht Stark höchst kritisch: »Die Zentralbanken sind zu großen Spielern auf den Finanzmärkten geworden, die Anleihen aufkaufen und halten und die Zinsen auf null gedrückt haben. Es ist ja nicht allein die EZB, die ihre Bilanzsumme so drastisch ausgeweitet hat. Betrachtet man sie gemeinsam mit der US-amerikanischen Fed, der Bank of England und der Bank of Japan, haben diese vier Zentralbanken ihre Bilanzen auf zusammen 20 Billionen Euro ausgedehnt und viele Risiken übernommen. Damit verändern sie natürlich auch den Charakter der großen Volkswirtschaften.«[11] Und weiter: »Die niedrigen Zinsen verschleiern die Risiken. Griechenland zahlt weniger als die USA für ihre Treasuries. Das zeigt deutlich, dass man hier zu weit gegangen ist. Es ist ein Anreiz für die schon hoch verschuldeten Regierungen, sich noch mehr zu verschulden. Dabei waren die Staatsfinanzen in vielen Ländern schon vor der Krise nur bedingt tragfähig.«[12]

Auch Hans-Werner Sinn, Topökonom und bis 2016 Chef des ifo-Instituts, geht mit der aktuellen Schulden- und Euro-Politik hart ins Gericht. In einem Interview mit dem *Handelsblatt* antwortete er auf die Frage: »Wie sollen die gigantischen Staatsschulden von 1,3 Billionen Euro jemals zurückgezahlt werden?« Folgendes: »Sie sollen ja gar nicht zurückgezahlt werden. Die Politik hofft, aus den Schulden herauswachsen zu können. (...) Bei den südeuropäischen Ländern und Frankreich sehe ich aber keine Anstrengungen. Sie behaupten seit Jahren, sie würden aus den Schulden herauswachsen, doch gestimmt hat es noch nie.«[13] Die Folgen aus Sicht Sinns: »Sie wollen die Summen nicht aufbringen. Deshalb haben ihre Notenbanken veranlasst, ihre Staatspapiere in großem Stil aufzukaufen. So lebte man faktisch von dem selbst hergestellten Geld, tilgte damit seine Auslandsschulden und erwarb im Ausland private Vermögenstitel, vor allem in Deutschland.«[14]

Ein Konstruktionsfehler des Euros war, dass eine einzige Währung über Länder mit völlig unterschiedlichen Volkswirtschaften, Kulturen und ökonomischen Bedürfnissen gestülpt wurde. Individuelles Gegensteuern einer Nationalbank ist – vom Aufkaufen der Anleihen einmal abgesehen – nun nicht mehr möglich. Mit fatalen Konsequenzen, wie Sinn ausführt, der nach eigener Aussage ein Freund der EU, aber ein Euroskeptiker ist: »Italien verlor seine Wettbewerbsfähigkeit in den ersten Jahren des Euros, als ganz Südeuropa sich auf einmal billig verschulden konnte und eine Sonderinflation erlebte. Die EZB versucht nun implizit, Deutschland weiter zu inflationieren, bis die Schulden des Südens und die Wettbewerbsfähigkeit des Nordens erodiert sind. Auch das ist eine Lösung, aber keine gute. Gute Lösungen gibt es leider nicht, wenn die Hälfte des Eurosystems eine Abwertung bräuchte, sie aber wegen des Euros nicht bekommen kann. (...) Die Währung hat nicht funktioniert, niemand ist Euro-Gewinner, auch Deutschland nicht, wie so oft behauptet wird. Größere Verlierer sind die Südeuropäer.«[15]

Stephanie Kelton, eine der einflussreichsten Ökonominnen in den USA, stößt in einem Interview mit der Zeitschrift *Capital* ins selbe Horn: »Tatsächlich, wenn ein Staat seine Währung aufgibt, ist das ein Problem. Die griechische Regierung kann nicht davon ausgehen, dass alle von ihr genehmigten Zahlungen von ihrer Zentralbank ausgeführt werden. Dasselbe gilt für Italien und alle Länder der Eurozone. Sie müssen sich am Markt Geld leihen.« Der Journalist fragt nach: »Also war die Einführung des Euro ein Fehler?«, worauf Kelton antwortet: »Ich habe schon vor Einführung des Euro davor gewarnt, dass es eine Schuldenkrise geben kann, wenn die Finanzmärkte verstehen, dass Staaten Geld leihen müssen und sie den Preis dafür festlegen können. Im Moment hat die EZB mit dem Pandemieprogramm für weitere Anleihekäufe und dem Aussetzen des Stabilitäts- und Wachstumspakts die monetäre Souveränität der Euroländer wiederhergestellt. Aber nur vorübergehend.«[16]

Widersprüchliche Folgen

Die Ergebnisse dieser Politik sind höchst gemischt: Der Schuldenabbau mancher Staaten wird erleichtert, wenn die Länder diszipliniert sind, so wie es Deutschland vor der Pandemie war. Jedoch fühlen sich andere zugleich zur Neuverschuldung ermuntert. Das bremst die Bereitschaft (wenn sie überhaupt je vorhanden war), Strukturreformen durchzuführen. Daneben haben Lebensversicherungen und private Krankenversicherungen massive Probleme, da sie ihr eingesammeltes Geld, etwa für die Altersvorsorge oder für notwendige Rücklagen, oft nur mit geringem Risiko anlegen dürfen. Sparer gehen ebenfalls leer aus. Lebensversicherer sind deshalb unter Druck geraten, weil sie kaum noch Anlagen finden, die bei vorgegebener Mindestrendite mit ihren eigenen Risikoregeln und den staatlichen Vorschriften übereinstimmen. Staatsanleihen, eine traditionell relativ sichere Form der Geldanlage, werfen kaum noch etwas ab oder verbrennen sogar Geld.

Doch wer meint, an solch einem Zinsniveau sei allein der Prügelknabe EZB schuld, der irrt. Auch woanders und vor allem auch vorher gab es eine ähnliche Entwicklung. Seit den 1990er-Jahren fielen in fast allen OECD-Ländern die Zinsen. Angesichts eines aufgeblähten und dann kollabierenden Immobilienmarkts – milliardenschwere Immobilienkredite konnten nicht bedient werden – senkte die japanische Zentralbank ab 1995 den Zinssatz drastisch, ab 1999 lag er bei fast null Prozent. Einen neuen Schub bekam die Niedrigzinsentwicklung nach dem Platzen der New-Economy-Blase um das Jahr 2000 herum und nach den Terroranschlägen vom 11. September 2001. Die US-Notenbank drückte die Zinsen – und speiste damit gerade die Blase auf dem amerikanischen Immobilienmarkt, die wiederum zur Finanzkrise 2008 führte. Folge: Die Zentralbanken der großen Industrieländer waren gezwungen, ihre Leitzinsen auf ein historisch niedriges Niveau zu senken. Damit wollten sie die wirtschaftlichen Schäden der Krise begrenzen und verhindern, dass das globale Finanzsystem zusammenbricht.

Und wer hat in Europa die Negativzinsen erfunden? Die dänische Notenbank war hier Vorreiter. Bereits 2012 senkte sie den Einlagensatz für Banken auf minus 0,20 Prozent ab. 2014 erst folgte die EZB, und auch in der Schweiz, in Schweden oder in Japan wurden mittlerweile oder bis heute Strafzinsen fällig, wenn Geschäftsbanken bei den Zentralbanken Geld deponierten.[17] Erst im Herbst 2020 beendete die Schwedische Reichsbank ihre fast zehn Jahre andauernde Phase von Minuszinsen. All dies zeigt, dass Niedrigzinsen nichts mit dem Euro und der EZB zu tun haben müssen. Allerdings zahlen wir mit dem EZB-Zinssatz den Preis für Maßnahmen, die einige EU-Volkswirtschaften, aber auch den Euro insgesamt retten sollten/sollen. Da er pauschal in 19 Ländern gilt, ist er eine Fehlkonstruktion – eben weil er alle bezüglich des Zinssatzes gleichbehandelt, obwohl die Staaten und deren Volkswirtschaften höchst unterschiedlich strukturiert sind.

»Es gibt kein Zurück mehr zu normalen Zinsen«

Die Notenbanken stemmen sich dem Wirtschaftseinbruch in der Coronapandemie entgegen und haben mit ihren Anleihekaufprogrammen noch stärker interveniert als zuvor. Geht es nach dem renommiertesten deutschen Fondsmanager, Bert Flossbach, wird diese Phase noch lange andauern – zumindest »solange unser Finanz- und Währungssystem Bestand hat«. Dem *Handelsblatt* sagte er mit deutlichen Worten: »Wir hatten 2016 einen unserer Kapitalmarktberichte mit ›Point of no Return‹ überschrieben, der Punkt, ab dem es kein Zurück mehr gibt – bezogen auf die Geldpolitik der Notenbanken. Damals hofften viele noch auf die Zinswende. Wir hielten das schon zu dem Zeitpunkt für aberwitzig – und standen mit der Meinung weitgehend allein da. Heute müsste eigentlich jedem klar sein: Es gibt kein Zurück mehr zu normalen Zinsen. Nicht ohne gewaltige Kollateralschäden, etwa den Zusammenbruch des Immobilienmarkts. Niemand, kein Notenbanker oder verantwortlicher Politiker, wird das riskieren wollen.«[18]

Hinsichtlich der ungezügelten Schuldenaufnahme stellte er Paradoxes fest: »Es entbehrt nicht einer gewissen Ironie, dass ausgerechnet EZB-Chefin Christine Lagarde die Regierungen aufruft, Schulden zu machen. Normalerweise ermahnen die Notenbanken die Staaten zu solider Haushaltsführung. Selbst der Internationale Währungsfonds (IWF), der traditionell eher vor einem Ausufern der Staatsverschuldung gewarnt hat, empfiehlt den Industrienationen, sich weniger Sorgen über ihre Verschuldung zu machen, sondern die tiefen Zinsen zu nutzen und das billige Geld in die Infrastruktur zu stecken.«[19] Damit orientiert sich der IWF also ganz an seiner alten Chefin: Christine Lagarde. Auch wenn Flossbach die hohe Verschuldung nicht befürwortet, sieht er auch die nüchternen Fakten: »Die Sorge, dass die hohen Schulden auf Dauer nicht tragbar sind, ist zumindest theoretisch so lange unberechtigt, wie die Renditen von Staatsanleihen nahe null verharren. Denn mit Nullzinsen ist praktisch jedes Defizit und jeder Schuldenberg problemlos finanzierbar.«[20] Übrigens: Flossbachs renommierter Mischfonds FvS Multiple Opportunities (21 Milliarden Euro Kapitalisierung) besitzt zehn Prozent Gold und andere Edelmetalle[21]: »Als Schutz vor höherer Inflation, die vermutlich irgendwann kommt, und als Versicherung gegen die Risiken des Finanzsystems«,[22] wie er sagt.

Das vielleicht wichtigste Element der Zentralbanken und damit auch der EZB ist also die Zinspolitik, die die Geldversorgung der Banken und den Preis für Kredite prägt – und auf der anderen Seite die Geldanlagemöglichkeiten beeinflusst. Daran schließt sich ein Dominoeffekt an: Weil Sparer für ihr Geld nichts mehr bekommen oder sogar Negativzinsen berappen müssen, suchen sie nach Auswegen, legen ihr Geld unter anderem verstärkt in Immobilien an und treiben so die Mieten nach oben. Dasselbe haben wir mit Aktienkursexplosionen im Jahr 2020 gesehen, die einige Werte teils in absurde Höhen beförderten, die nichts mehr mit einem realen Unternehmenswert oder absehbaren Umsatz zu tun haben. Gleichzeitig ermöglichen niedrige Zinsen eine höhere Verschuldung von Staaten, wobei manche Länder – je nach Rating – gar weniger Geld zurückzahlen müssen, als sie erhalten haben. Die Bundesrepublik gehört dazu. Einer der größten der chronischen Schuldner weltweit sind übrigens die USA, die Schulden von 27,78 Billionen US-Dollar (Stand: Januar 2021, mit drastisch steigender Tendenz)[23] angehäuft haben, weit über 100 Prozent der Wirtschaftskraft und damit mehr als zehn Mal so viel wie Deutschland mit gut zwei Billionen Euro. In Deutschland erleichtert wiederum die aktuelle Zinspolitik den Umgang mit den gerade auch durch die Bewältigung der Coronakrise neu aufgenommenen Schulden von Bund, Ländern und Gemeinden.

Der Autor Karl-Heinz Brodbeck sieht in *Die Herrschaft des Geldes* allerdings Grenzen der Geldpolitik und urteilt recht drastisch: »Die Zentralbanken können Geld schöpfen und auf dem Kreditwege dem Banksystem zur Verfügung stellen. Doch wohin diese Kredite fließen und mit welcher Multiplikation sie Wirkungen entfalten, das ist ebenso unkontrollierbar wie die Betrugsmanöver der Geldgier auf den Märkten. Die fast kostenlosen Kredite der Zentralbanken dienten und dienen deshalb vor allem dem Spekulationsbedürfnis, das die Kurse und Preise bewegte – inzwischen auf nahezu allen Märkten. Da die Gier endlos ist und deshalb immer schneller wächst als der monetäre Zustrom in diesen Schneeballsystemen, bricht dieser Wahnsinn periodisch zusammen. Hier offenbart sich dann die

Herrschaft des Geldes ungeschminkt, nimmt die Politik in Geiselhaft und lässt die Hoffnungen der Demokratien auf Regulierung immer wieder ins Leere laufen.«[24]

Die Angst der Deutschen vor Verschuldung, Inflation und Finanzkrisen

Die Deutschen sind bekannt für ihre – oft übertriebene – Angst. Sie ist aber nun einmal ein zentrales menschliches Gefühl, das man nicht steuern oder durch rationale Argumente mildern kann. Beim Geld indes ist die Sorge durchaus berechtigt. Die Erfahrungen mehrerer Inflationen und der Geldentwertung nach dem Krieg, inklusive notwendiger Währungsreform, haben sich tief in unser nationales Bewusstsein eingebrannt. Wohl am prägendsten war die Inflation von 1914 bis 1923, die ihren Höhepunkt in der Hyperinflation von 1923 fand – ausgedrückt auch in der sich vervielfachenden, ja geradezu exponentiellen Abwertung gegenüber dem US-Dollar. Im November 1923 musste man für einen US-Dollar 4,2 Billionen Reichsmark auf den Tisch legen. Eine Feinunze Gold kostete 86,81 Billionen Reichsmark.[25] Wie es in der Natur einer Inflation liegt, stand der massiv ausgeweiteten Geldmenge – buchstäblich durch unablässig rotierende Druckerpressen genährt – keine entsprechende Wirtschaftsleistung gegenüber. Die deutsche Wirtschaft war durch die Umstände nach dem Ersten Weltkrieg und die harten Bedingungen des Versailler Vertrags zusammengebrochen und mit ihr auch das Bankensystem.

Deutsche sehen besonders in Finanzkrisen und Inflation die Hauptgefahr für ihr Eigentum, neben dem Verlust des Arbeitsplatzes. Vor allem die Staatsverschuldung bereitet zunehmend Sorge. Ja, schlimmer noch: Die Mehrheit der Deutschen sieht Eigentum durch internationale Finanzkrisen bedroht. In einer repräsentativen Umfrage der Stiftung Familienunternehmen, veröffentlicht im Dezember 2020, gaben 62 Prozent der Befragten an, dass vor allem eine mögliche Finanzkrise Eigentum gefährde. 1.231 Personen beteiligten sich an der Umfrage, die im August 2020 vom Institut für Demoskopie Allensbach erstellt worden ist.[26] Demnach verorten die Deutschen in Währungs- und Haushaltsrisiken generell große Gefahren für das Eigentum: 52 Prozent der Befragten sehen ihr Eigentum durch eine mögliche Inflation bedroht. Hohe Steuern und Abgaben fürchten 44 Prozent. Die instabile weltpolitische Lage erachten 47 Prozent der Deutschen als Gefahr. Die zweitgrößte Gefahr für das Eigentum ist indes ein drohender Arbeitsplatzverlust (53 Prozent).

Zuletzt hatte der Verband im Jahr 2017 eine derartige Umfrage durchgeführt. Daher konnten die Autoren die Erkenntnisse nun ins Verhältnis zueinander setzen. »Deutlich wird im Zeitverlauf, dass die Sorge der Deutschen vor den negativen Folgen der Staatsverschuldung erheblich gestiegen ist. Vor drei Jahren sahen noch 24 Prozent der Befragten die Staatsverschuldung als Gefahr für das Eigentum an. Mittlerweile sind es 35 Prozent. Durch Kriminalität sehen 41 Prozent der Befragten Eigentum bedroht, vor drei Jahren waren es noch 55 Prozent gewesen«, heißt es bei der Stiftung Familienunternehmen. Deren Geschäftsführer, Stefan Heidbreder, wird deutlich: »Die Bevölkerung in Deutschland fürchtet Bankenkrisen, Geldentwertung und hohe Steuern mehr als Einbrüche oder Internetkriminalität.« Das zeige, wie wichtig es sei, die Krisenresilienz der Volkswirtschaft zu erhöhen. »Solide Staatsfinanzen, eine weitsichtige Finanzpolitik und eine von starken Familienunternehmen geprägte Wirtschaft sind die beste Absicherung gegenüber externen Schocks«, so Heidbreder weiter.[27]

Globale Sicherheit und Risiken

Währungen und Geld sind nicht nur von den geldpolitischen Faktoren abhängig, von der Wirtschaft und den Finanzmärkten, sondern sie sind auch der allgemeinen Weltlage ausgesetzt. Kriege, unkontrollierte Migrantenströme, Krisen und Anschläge. All dies wirft Menschen, Gesellschaften, Volkswirtschaften und Infrastruktur um Jahrzehnte zurück. Wo Verunsicherung oder gar Terror herrscht, baut sich niemand etwas auf und denkt an die Zukunft. Unternehmerisches Denken und Investments fallen völlig aus oder sinken auf ein Mindestniveau.

Alle diese Zusammenhänge liegen auf der Hand. Doch gerade die Widrigkeiten und menschlichen Tragödien, die immer näher an uns heranrücken, zeigen einmal mehr die Notwendigkeit, sich auch bei uns auf alle Eventualitäten einzustellen. Cyberangriffe, Stromausfälle, Währungscrashs oder der Zusammenbruch der öffentlichen Ordnung und Versorgung – wir haben seit dem Mauerfall nur scheinbar in sicheren Zeiten gelebt. Der Kalte Krieg ist erst 1989 zu Ende gegangen. Dann nahm der Terrorismus zu, diverse Kriege in Zentralasien und dem Nahen Osten folgten und zwischendurch die Finanzkrise 2008. Und seitdem er eingeführt wurde, schwebt über allem die Krise des Euros. Wirtschaftliche und politische Unsicherheiten sind leider der Normalfall – auf die man sich wiederum auch mit Gold vorbereiten sollte. Und 2020 dann kam Corona.

Historisch gesehen ist unser Leben in Frieden also leider eine Ausnahme. Dadurch haben wir es aber verlernt, uns auf Krisen einzustellen. Unsere Regierung kann weder eine verantwortliche und nachhaltige Wirtschafts- und Sozialpolitik betreiben, noch kann sie offenbar ausreichend unser Leben und Zusammenleben schützen. Darauf müssen wir uns einstellen – nicht nur mit Vorräten, wie es selbst die Bundesregierung schon lange vor Corona propagierte, sondern auch finanziell. Auch ich kann nicht in die Zukunft schauen. Doch kann ich nur jedem raten, sich finanztechnisch gut vorzubereiten: mit dem richtigen Mix aus Bargeld in unterschiedlichen Stückelungen und Währungen, aber auch mit Realwerten, darunter Gold. Wir müssen uns auf einen Ausfall der elektronischen Banksysteme einstellen; sei es, weil es einen Hackerangriff gegeben hat oder weil kein Strom mehr da ist. Aber auch Versorgungsengpässe sind durchaus möglich. Wer da nicht nur 100 Liter Wasser und Konserven im Keller hat, sondern auch eine probate Mischung von Geld und Sachwerten, mit der er sich gerade in der Not etwas kaufen kann, muss sich im Ernstfall nichts vorwerfen.

Szenarien: Der »Schwarze Schwan«

Ich bin alles andere als ein Crashprophet. Dennoch weiß ich um die Widrigkeiten und Gefahren unserer Gesellschaft, aber auch des Wirtschafts- und Finanzsystems. Vieles davon ist auf den vergangenen Seiten bereits angeklungen. Ein Leben in Frieden und Wohlstand wünschen wir uns alle. Indes wäre es töricht, sich nicht auf Unvorhergesehenes einzustellen. Wir wissen nicht, wann und in welcher Ausprägung und Dimension diese »unangenehmen Überraschungen« passieren. Gleichzeitig ist aber klar, dass sie irgendwann kommen werden; durchaus selten und unwahrscheinlich, aber sie kommen, und das mächtig und manchmal auch per Zufall. Das ist der Kern des lesenswerten und stilbildenden Buches *Der Schwarze Schwan* des Autors und Finanzmathematikers Nassim Nicholas Taleb aus dem Jahr 2007. Das Werk zeigt nebenbei auch auf vielfältige Weise, dass man die Zukunft nicht vorhersagen kann – schon gar nicht konkret mit Datum und Zahlen, wie es uns etwa Börsenanalysten oder Anlegergurus immer wieder weismachen wollen.

Wir können also die Zukunft nicht vorhersehen. Weil wir aber immer wieder glauben, das zu können, werden wir von der Realität überrascht – wie momentan durch die Coronakrise und ihre Nachwirkungen. Vor der Entdeckung Australiens glaubten die Europäer, dass alle Schwäne weiß seien. Andere Farben? Undenkbar! Dann aber wurde Australien entdeckt. Und dort gab es schwarze Schwäne. Seitdem gelten sie im englischen Sprachraum als Metapher für plötzlich auftretende, aber sehr unwahrscheinliche und außergewöhnliche Ereignisse. Dazu zählen unter anderem der Ausbruch des Ersten Weltkrieges, der Siegeszug von Google, der 11. September 2001, die Finanzkrise 2008, ausgelöst durch die Pleite von Lehman Brothers (die wiederum die Folge massiver Verwerfungen auf dem amerikanischen Immobilienmarkt und dessen Finanzierung war), oder die Coronakrise 2020.

Es kommt immer wieder zu diesen unerwarteten Ereignissen, auch wenn wir uns das nicht vorstellen können oder wollen. Denn meist haben sie unangenehme Eigenschaften und über solche machen wir uns im Vorfeld ungern Gedanken. Extrem unwahrscheinliche Ereignisse an den Kapitalmärkten können dramatische Auswirkungen auf die Vermögenswerte von Anlegern und Investoren haben. Schwarze Schwäne zu ignorieren, kann Menschen aber in jeder Hinsicht ruinieren. Für viele Amerikaner wurde der Traum von den eigenen vier Wänden 2008 zum Albtraum. Viele Isländer verloren durch den Bankencrash ihre Spareinlagen. Und in Deutschland mussten die Bundesregierung und der Bankenverband dem Immobilienfinanzierer Hypo Real Estate mit 150 Milliarden Euro aus der Klemme helfen. Die Verlierer der Finanzkrise können ein Lied davon singen, dass Schwarze Schwäne mit den gängigen Mitteln nicht vorhergesagt werden können – nicht konkret, aber durchaus allgemein.

Die Gefahr der Schwarzen Schwäne nimmt ironischerweise zu, je mehr Wissen wir uns aneignen. Je mehr wir wissen, desto eher entwickeln wir ein trügerisches Gefühl der Sicherheit.

Auf gut Deutsch: Man sieht den Wald vor lauter Bäumen nicht. Die Auswirkungen dieser Illusion, alles zu wissen, führte uns die Krise der globalen Finanzmärkte 2008 deutlich vor Augen. Banken und Versicherungen gründeten ihre Geschäftsmodelle auf der Annahme, Wagnisse anhand von Daten aus der Vergangenheit exakt einschätzen zu können. Sie haben Produkte kreiert, die Investoren vorgaukelten, die Risiken seien überschaubar. Ein fataler und vor allem teurer Trugschluss.

Die rettende Idee besteht darin, dafür zu sorgen, dass die menschlichen Berechnungsfehler am Kapitalmarkt beschränkt bleiben, und zu verhindern, dass sie sich im ganzen System ausbreiten. Der Versuch, dabei Schwankungen an den Kapitalmärkten zu reduzieren, ist ein sinnloses Unterfangen. Dieses Rauschen der Finanzmärkte ist absolut natürlich. Es gleicht dem Lauf der Dinge im täglichen Leben. Ein ständiges Auf und Ab. Die Volatilität und den Einfluss des normalen Zufalls zu minimieren, führt dazu, dass wir Schwarzen Schwänen stärker ausgesetzt sind. Es wird eine künstliche Ruhe erzeugt. Aus der Biologie wissen wir, dass die Natur und alle Populationen eine extreme Variabilität erleben und dadurch einen ständigen Wechsel von Überschuss- und Mangelperioden durchlaufen.

Für uns Menschen bedeutet das, dass wir darauf ausgerichtet sein müssen, extremen Überschuss und extremen Mangel zu erfahren und zu ertragen. Unsere Nahrungsaufnahme soll hier exemplarisch angeführt werden. Niemand, der uns weismachen möchte, dass wir »drei Mahlzeiten am Tag brauchen« und uns »beim Essen Mäßigung auferlegen« müssen, hat empirisch überprüft, ob das tatsächlich gesünder ist als periodische Fastenzeiten, auf die große Festmähler folgen. Fastenzeiten gibt es in den meisten Religionen.

Woher stammt die Idee, dass »regelmäßige« körperliche Betätigung erforderlich ist? In der Steinzeit gab es niemanden, der jeden Tag in der Woche jeweils 30 Minuten joggte. Die Jäger der

Steinzeit taten das nicht. Sie pendelten damals zwischen Extremen hin und her. Viel Muße, ein bisschen hohe Intensität. Auf die heutige Zeit angewendet macht eine Kombination von sehr langen Spaziergängen gepaart mit körperlicher Bewegung von hoher Intensität mehr Sinn als das einfache Laufen.

Nur wer sich auf die verschiedenen Phasen des Lebens »Ruhe und Intensität«, »Mangel und Überfluss« oder »Sicherheit und Risiko« einstellt, kann Schwarzen Schwänen tapfer ins Auge schauen. Es sollte jedem Menschen bewusst sein, dass es sie gibt. Jedoch sind Schwarze Schwäne nicht vorhersehbar – sowohl was ihre Erscheinungsform als auch was den Zeitpunkt anbelangt. Menschen glauben dies aber oft und lassen sich davon täuschen, weil man im Nachhinein deren Auftauchen immer gut erklären kann. Man kann ihnen aber nicht ausweichen, sondern sich nur auf ihr grundsätzliches Auftreten vorbereiten. Eine Lösung für Finanzthemen bietet die Hantelstrategie.

Hantelstrategie kontra Schwarze Schwäne

Die Hantelstrategie zeigt, wie diese Erkenntnisse auf die Kapitalmärkte angewandt werden können, um einfache und nachvollziehbare Anlagestrategien zu entwickeln. Nassim Nicholas Taleb beschreibt diese Hantelstrategie in seinen Büchern. Es ist jedoch keine von ihm entwickelte Methode, sondern ein altbekanntes Konzept aus dem Trading. Die beiden wesentlichen Ziele der Kapitalanlage sind generell, Vermögen zu bilden und dessen Wert zu sichern. Die Hantelstrategie unterscheidet genau diese beiden Teile: Vermögenssicherung und Vermögenswachstum.

Der wichtigste Teil der Hantelstrategie, die Vermögenssicherung, zeichnet sich durch einen hohen Anteil an äußerst risikoarmen Anlagen aus. Darin liegt auch die große Herausforderung. Es geht bei der Hantelstrategie darum, einen Teil des Vermögens in Werte zu tauschen, die dauerhaft attraktiv bleiben und sich wieder gegen andere Güter zurücktauschen lassen.

Die zweite Seite der Hantel wird als »Vermögenswachstum« bezeichnet. Hier werden bewusst hohe Risiken eingegangen, um Chancen an den Kapitalmärkten zu nutzen. Wie bei einem Gewichtheber müssen beide Seiten der Hantel in Balance sein. Nur so sind Sie gegen Schwarze Schwäne gewappnet.

Übersetzt in das Anliegen dieses Buches heißt das, dass sie mit »Risiko« umgehen müssen. Wobei »Risiko« genau genommen keine Abstufungen kennt. Es ist entweder da oder nicht, an oder aus. Selbst vermeintlich risikolose Anlagen bedeuten ein Wagnis, trotzdem nutze ich der besseren Verständlichkeit halber diese Begriffe, weil die Wahrscheinlichkeit von Verlusten oder die eines Totalverlusts wesentlich geringer ist. Risikolos oder risikoarm sind aus meiner Sicht Gold und Silber, Cash in soliden Fremdwährungen wie Schweizer Franken, Norwegische Krone oder Australischer Dollar und Immobilien und Grundstücke, gern fremdfinanziert. Hier würde ich die eine Hälfte anlegen. Die andere in »riskanteren« Anlagen wie Aktien oder Kryptowährungen. Bitte nutzen Sie dafür – wenn Sie diese Strategie verfolgen – keine Fonds oder ähnliche Finanzkonstrukte beziehungsweise Wertversprechen des Kapitalmarktes. Denn diese bringen Sie Ihrem Ziel, Vermögen zu bilden und zu erhalten, nicht näher. Lassen Sie mich das kurz erläutern.

Weltweit existieren 122.528 regulierte offene Investmentfonds mit einem Volumen von fast 55 Billionen US-Dollar (Stand Ende 2019). In Deutschland sind Ende März 2020 die drei größten Assetklassen Aktienfonds (324 Mrd. Euro), Rentenfonds (201 Mrd. Euro) und Mischfonds (275 Mrd. Euro).[28] Aktienfonds sind also die derzeit beliebteste Fondskategorie der sonst so sicherheitsorientierten deutschen Anleger.

Womit haben Sie es hier also zu tun? Bei einem Aktienfonds handelt es sich zunächst einmal um ein Sondervermögen einer Gesellschaft für Kapitalanlagen, das diese mehrheitlich oder ausschließlich in Aktien von Unternehmen investiert. Bei Rentenfonds wird in Anleihen diverser Emittenten investiert. Die immer beliebter werdenden Mischfonds stecken das Geld der Anleger oft gleichzeitig in Aktien und Anleihen, um das Risiko des Fonds noch weiter zu senken. Grundsätzlich können das Aktien und Anleihen aller Unternehmen weltweit sein, die an der Börse gelistet sind. Fondsanleger können ihre Fondsanteile jederzeit ohne Frist zum aktuellen Rücknahmepreis verkaufen.

Welchen Risiken unterliegen Investmentfonds?

Jede Anlage von Geld am Kapitalmarkt ist mit Chancen und Risiken verbunden. Daher ist es für den geneigten Investor unabdingbar, sich mit den Risikohinweisen der Branche auseinanderzusetzen und eine individuelle Einschätzung dieser möglichen Wagnisse vorzunehmen. Der Wert von Fondsanteilen unterliegt am Kapitalmarkt Schwankungen. Die Kurse der Anlagen können steigen oder fallen. Im äußersten Fall kann es zu einem vollständigen Verlust des angelegten Betrages kommen. Allgemeine Risiken sind beispielsweise das Konjunkturrisiko, Inflationsrisiko, Länderrisiko, Zahlungsverkehrsrisiko, Währungsrisiko, Volatilitätsrisiko, Zinsänderungsrisiko, Liquiditätsrisiko, Kontrahentenrisiko, Replikationsrisiko, Kostenrisiko, Kursaussetzungsrisiko, steuerliche Risiken etc.

Man kann das Risiko eines Investmentfonds einschätzen, indem man in das Anleger-Informationsblatt (Key-Investor-Information-Document kurz KIID) schaut. Das Gesetz sieht hier transparente Risikoklassen von 1 bis 7 vor, in die man die Fonds als Emittent einzustufen hat. Die Risikoklasse 7 entspricht dabei dem höchsten Risiko, eine Risikoklasse 1 enthält das niedrigste Risiko. Dabei geht der Gesetzgeber davon aus, wie sehr der Kurs des Fonds schwanken kann, also wie »volatil« der Fonds ist. Leider richtet man sich hier hauptsächlich nach dem Volatilitätsrisiko. Eine Anlage wird also als weniger riskant eingestuft, wenn sie nur geringen Schwankungen unterliegt. Das Risiko eines großen Verlustes wird dadurch jedoch nicht erfasst. Nassim Taleb beschrieb dieses Vorgehen, nachdem sich Anleger auf Strategien verlegen, die sehr wenig Volatilität produzieren, aber das Risiko eines großen Verlustes mit sich bringen, wie das Aufsammeln von Kleingeld vor Dampfwalzen.[29] Er schreibt: »Die Leute hassen Volatilität und benutzen daher Strategien, bei denen sie alles verlieren können, was dann gelegentlich zum Selbstmord führt.«[30] Dieses Vorgehen der Branche hinterlässt Dynamit in den Händen von Menschen, die keine Erfahrung im Umgang mit Sprengstoff haben. Die große Mehrheit der Menschen hat keine Ahnung vom Risikobegriff. Im Risikogeschäft gibt es keine Fachleute. Denn in sich ständig verändernden komplexen Systemen kann es keine Experten geben.

Kurse entwickeln sich langfristig tendenziell nach oben. So das Mantra der Investmentszene. Auch wenn die Kapitalmärkte von sogenannten »Schwarzen Schwänen« immer wieder heimgesucht werden, regenerieren sie sich wieder und kommen über das Level von zuvor hinaus. Für Kurse und Preise, die in einer ungedeckten, sich ständig verändernden Papiergeldwährung bemessen werden, mag diese Aussage der langfristig steigenden Kurse durchaus stimmen. Ist es doch vor allem dem inflationierten Zahlungsmittel zu verdanken, dass Preise und Kurse per se steigen müssen. Es sind jedoch meist keine fundamentalen Gründe, die Kurse steigen lassen. Sondern die Auswahl des falschen Maßstabes. Kein Handwerker würde auf die Idee kommen, einen Maßstab wie beispielsweise einen Zollstock zu verwenden, der sich ständig verkürzt. Setzt man diesen ständigen Kürzungen unterliegenden Maßstab jedoch zum Messen von Möbelstücken ein, ergibt sich der Eindruck, dass das Möbelstück ständig größer wird. Obwohl eigentlich nur der Maßstab verkürzt wird. Dieses Phänomen können wir auch auf die Aktienmärkte übertragen. Auf dem Papier des Depotauszuges sieht es für den Anleger so aus, als ob er ständig reicher wird. Denn die Zahlen seines Depotbestandes werden größer. Mit einem Maßstab errechnet, der sich ständig verkleinert. Würde man den Aktienmarkt mit einem historischen, extrem stabilen Maßstab bewerten, wie zum Beispiel dem von mir favorisierten Gold, ergäbe sich ein vollkommen anderes Bild über den Zustand des untersuchten Anlagemarktes. Schauen wir auf den EUROSTOXX 50. Dabei handelt es sich um einen Aktienindex, der sich aus 50 großen börsennotierten Unternehmen des Euro-Währungsgebietes zusammensetzt. Die Entwicklung dieses Index seit dem Jahr 1990 kann sich auf dem Papier durchaus sehen lassen. Immerhin schlagen hier 6,25 Prozent Preissteigerung pro Jahr zu Buche.[31] Betrachtet man nun den gleichen Index unter Zuhilfenahme eines stabileren Maßstabes als ungedecktes Papiergeld, so gelangt man zu einem anderen Ergebnis. Laut der Webseite »PricedinGold.com« hat der EUROSTOXX im gleichen Zeitraum in Gold gemessen einen jährlichen Verlust seit 1990 von einem Prozent.[32] Es ergibt sich demnach ein völlig anderes Bild. Die vermeintlich solide Investition in europäische Standardaktien stellt sich unter Verwendung eines realen Maßstabes als ein verlustreiches Geschäft dar.

Ein Pluspunkt von Investmentfonds ist sicherlich das Insolvenzrisiko. Einen Verlust des Geldes durch Insolvenz des Emittenten, also der Fondsgesellschaft, müssen Anleger nicht befürchten. Denn das, was Investoren in den Topf einzahlen, ist als Sondervermögen zu behandeln sowie unter staatlicher Aufsicht zu verwalten (Kapitalanlagen-Gesetzbuch). Es ist also strikt vom Geschäft der Fondsgesellschaft zu trennen. So ist das Geld auch nicht in Gefahr, wenn die Gesellschaft beispielsweise insolvent wird. Klingt eigentlich nicht schlecht. Die Anleger müssen eigentlich nur einen langen Anlagehorizont mitbringen und schon sind sie auf der Gewinnerseite. Doch ist es wirklich so einfach? In meinen Augen nicht. Denn wir müssen uns unbedingt den Zustand des Geld- und Finanzsystems ansehen, um zu einer sinnvollen Einschätzung zu gelangen.

Im lesenswerten Buch von Detlef S. Schlichter *Das Ende des Scheins – Warum auch unser Papiergeldsystem zusammenbricht* fand ich eindeutige und belastbare Hinweise, warum Papiergeldsysteme wie das unsere an sich instabil sind und warum sie unausweichlich zum gesellschaftlichen Zusammenbruch führen:

»Papiergeldsysteme sind eine Schöpfung des jeweiligen Staates. In der Geschichte findet sich kein einziges Beispiel für Papiergeld, das aufgrund von spontanen und freiwilligen Interaktionen privater Bürger von Privatleuten ausgegeben wurde und Warengeld ersetzte.[33] (...) In der Geschichte gab es immer wieder einen eindeutigen und häufig auch offiziell eingestandenen Grund für die Einführung von Papiergeld: Es galt, die Staatsausgaben, insbesondere Ausgaben für Kriege, zu finanzieren.«[34]

Da Steuern bei den Bürgern unbeliebt sind, griff der Staat gerne auf das Drucken von Geldscheinen zurück, erklärt Schlichter. Und weiter: »Wurde das Angebot an Papiergeld laufend ausgeweitet, sank die Kaufkraft jeder Geldeinheit. Ein derartiges System führte immer zu hoher Inflation und entweder dem vollständigen Zusammenbruch des Finanzsystems mit furchtbaren Auswirkungen auf Wirtschaft und Gesellschaft oder zur rechtzeitigen Aufgabe von Papiergeld und der Rückkehr zum Warengeld.«[35]

Die von Schlichter beschriebene deutliche Ausweitung des Finanzsektors und Staatsapparats führt über kurz oder lang immer zu einer Ausweitung der Verschuldung und in letzter Konsequenz zur Zerstörung der zugrunde liegenden Währung. Es ist kein Geheimnis, dass sich Zahl und Auswirkungen von Finanzkrisen auf der Welt seit 1973 (Aufgabe des Goldstandards und Einführung eines Fiat-Geld-Standards) massiv erhöht haben. Die Geschichtsbücher sind voll von Beispielen. Es gibt zwar verschiedene Strategien, um die Verschuldung, insbesondere die Staatsverschuldung abzubauen, doch die am häufigsten zur Anwendung gelangte Form ist die besonders perfide und weniger bekannte Form der Entschuldung, »finanzielle Repression« genannt. Doch was hat es mit dem Mythos der finanziellen Repression auf sich? Prof. Dr. Stefan Homburg, Direktor des Instituts für öffentliche Finanzen der Leibnitz Universität Hannover bringt es in einem Absatz mit dem Titel »Finanzielle Repression – Realität oder Mythos?« aus dem Jahr 2013 auf den Punkt: »Reinhart und Sbrancia zufolge haben in der Geschichte zahlreiche entwickelte Staaten ihre Schuldenstandsquoten durch subtile, allmählich wirkende Maßnahmen statt durch Hyperinflation oder offenen Staatsbankrott verringert. [... Darunter] Zinsobergrenzen (Regulation Q), Goldbesitzverbot, Kapitalverkehrskontrollen, Zwangsanleihen, regulatorische Anreize und den Betrieb von Staatsbanken.« Als aktuelle Beispiele nennt er, bezugnehmend auf Reinhart, Kirkegaard und Sbrancia: »Frankreich, Irland oder Japan – hauptsächlich Zugriffe auf private Pensionsfonds.« Sein Fazit: »diesem Hintergrund sind Regulierungen wie Basel III (für Banken) oder Solvency II (für Versicherungsunternehmen) skeptisch zu betrachten, da sie – äußerlich ins Gewand des Verbraucherschutzes gekleidet – auffällige Vorzugsbehandlungen für Staatsschuldtitel enthalten.«[36] Ich sehe hierin die größte Bedrohung und somit das größte Risiko für einen modernen Anleger bei der Vermögensbildung.

Diese Betrachtungsweise macht es mir unmöglich, Investmentfonds bei der Kapitalanlage zu präferieren. Der Risikobegriff müsste in der Kundenberatung durch Finanzdienstleister deutlich weiter gefasst werden. Denn lediglich das Volatilitätsmaß als alleinige Größe zur Risikoabwägung heranzuziehen, wird der heutigen Realität nicht gerecht. Investmentfonds als Kapitalsammelstellen sind eine leichte Beute des immer tiefer in die roten Zahlen rutschenden Wohlfahrtsstaates.

Die Hantelstrategie reduziert das Risiko des Schwarzen Schwans deutlich, ja dreht das Ereignis sogar ins Positive.

Eine Hantel kann jede zweigleisige Strategie sein, die sich aus Extremen zusammensetzt – ohne eine korrumpierende Mitte. Bezogen auf das Risiko ergibt sich hierbei eine Strategie, die nicht auf mittleres Risiko setzt, wie es die meisten Anlageberater ihren Kunden empfehlen, sondern darauf, ein Portfolio zu bauen, das auf der einen Hantelseite extrem konservativ anlegt und auf der anderen Seite sehr riskant. Solch eine Vorgehensweise wird schon in alten Sprichwörtern angemahnt. Nassim Taleb zitiert in seinem Buch *Antifragilität: Anleitung für eine Welt, die wir nicht verstehen* aus dem Jüdischen: »Triff Vorsorge für das Schlimmste; das Beste erledigt sich von selbst, doch die meisten Menschen treffen hingegen für das Beste Vorsorge und hoffen, dass sich das Schlimmste schon von selbst erledigen werde. Die Menschen sind üblicherweise kleinen Verlusten abgeneigt, unterschätzen aber sehr große Risiken, also Schwarze Schwäne. Sie versichern sich gegen kleine, wahrscheinliche Verluste, nicht aber gegen riesige, nicht sehr häufig auftretende Schäden – die aber existenzvernichtend sein können. Dabei sollte man genau andersherum vorgehen.«[37] Raus aus der goldenen Mitte. Ziel der Hantelstrategie ist es, sich vor dem Auftreten von Schwarzen Schwänen zu schützen. Denn diese sind oft extrem zerstörerisch.

Der nächste Schwarze Schwan kommt bestimmt

Wir können die Zukunft nicht vorhersagen. Denn wir bewerten das Heute mit unseren Erfahrungen von gestern. Keine Geschichte veranschaulicht dies besser als die des englischen Kapitäns Edward John Smith. Nach der Jungfernfahrt der »*Adriatic*« im Jahr 1907 sagte Smith in New York zur amerikanischen Presse: »Ich habe jedoch noch nie einen nennenswerten Unfall erlebt. In all meinen Jahren auf See habe ich nur ein einziges Mal ein Schiff in Not gesehen. Ich habe nie einen Untergang miterlebt und war auch nie in einer gefährlichen Lage, die zu einer Katastrophe hätte führen können.«[38] Fünf Jahre später übernahm Smith das Kommando auf der »*Titanic*«.

Unser Finanzsystem brennt lichterloh

Krisen gehören zum Kapitalismus wie Kapital, Rendite und Profit. Als die Mutter aller Finanzkrisen gilt die Tulpenkrise 1637. Der Tulpenwahn in den Niederlanden führte zu Preisen von mehreren Tausend Gulden pro Tulpenzwiebel, oft dem Gegenwert von Häusern. Alle Schichten der Bevölkerung machten mit. Dann platzte die Blase und brachte die niederländische Wirtschaft in massive Schwierigkeiten.

Auch der Black Friday von 1869 (Absturz des Goldpreises) oder der Black Thursday von 1929 (Börsencrash und Weltwirtschaftskrise) waren nichts anderes als das Platzen einer künstlich erzeugten Blase sowohl beim Goldpreis als auch beim Aktienindex. Die Älteren werden sich sicher noch an das Jahr 1973 erinnern, als die Autobahnen in Westdeutschland infolge einer von arabischen Staaten rein politisch verursachten Ölkrise so leer aussahen, als seien sie noch nicht eröffnet worden. Im März 2000 sackte dann die sogenannte Dotcomblase wie ein Soufflé zusammen, in der unter dem neuen Siegel »New Economy« ein

Internetunternehmen nach dem anderen an die Börse ging – einige mit unverständlichen Geschäftsmodellen, andere mit gefälschten Bilanzen und fragwürdigem Insiderhandel. Es folgten die Immobilienkrise und die Bankenkrise 2008.

Eines hatten alle Krisen gemeinsam. Kurz vor der Explosion ließen sich die Millionen von Kleinanlegern von der eigenen Gier verleiten, in das Geschäft mit Tulpen, an den Börsen oder bei der New Economy einzusteigen. Anders als die Großinvestoren verloren die Kleinen stets alles.

Wird der nächste Crash der größte aller Zeiten?

Der Finanzexperte Marc Friedrich brachte es im November 2019 in der ARD-Talkshow *Maybrit Illner* zum Thema »Zinsen im Keller, Vorsorge in Gefahr – wann lohnt sich Sparen wieder?« auf den Punkt: »Diesmal wird es an allen Fronten ordentlich scheppern, es wird der größte Crash aller Zeiten sein – und zwar in der Wirtschaft, in der Politik, aber auch in der Gesellschaft. Denn wir haben seit 2008 die Probleme nicht gelöst, sondern vielmehr mit viel billigem Geld und niedrigen Zinsen in die Zukunft verschoben. Dadurch haben sich die Probleme weiter aufgebaut. Wir haben die Verschuldung verdoppelt, wir sind jetzt bei knapp 250 Billionen US-Dollar Schulden weltweit – von Unternehmen, von privater aber auch von staatlicher Seite.« Friedrich legt sich sogar fest, wann der nächste Crash kommt. In seinem mit Matthias Weik zusammen verfassten Buch *Der größte Crash aller Zeiten* verbreitet er Endzeitstimmung: »Wir gehen von einem wesentlich kürzeren Zeitraum aus: bis spätestens 2023.«[39]

Nun, auf lange Sicht hat man meistens recht. Andere Finanzexperten sind da vorsichtiger. Doch in der Grundaussage und zumindest der Analyse sind sie bei Friedrichs Theorie. Auch meiner Meinung nach brennt es lichterloh in unserem Finanzsystem. Die ersten Banken werden möglicherweise schon im kommenden Jahr nicht mehr in der Lage sein, sich zu finanzieren. Dies hat seinen Grund in der beschriebenen Nullzinspolitik der Europäischen Zentralbank (und anderer). Durch diese Politik müssen die staatlichen Kassen unseres Landes viel weniger Zinsen zahlen. Eine Erhöhung des Zinssatzes um nur ein Prozent würde zwangsläufig zur Insolvenz von Staaten wie Italien, Spanien, Portugal oder Griechenland führen. Es gibt noch einen zweiten Aspekt, auf den ich im nächsten Unterkapitel kommen werde: In Europa existieren mittlerweile Hunderte von »Zombieunternehmen«. Sie gibt es nur deswegen, weil sie keine oder nur sehr geringe Zinsen zahlen müssen. Ein Anheben der Zinsen würde zu einer Pleitewelle führen. Durch die Nullzinspolitik werden diese Firmen künstlich am Leben erhalten. Das wird Deutschland und Europa früher oder später auf die Füße fallen. Der nächste Crash steht ganz sicher vor der Tür. Doch eine exakte Prognose des Zeitpunkts ist nicht möglich und wäre höchst unseriös. Die einzige Chance ist es, sich auf möglichst viele Szenarien vorzubereiten und sich generell abzusichern.

Welche Szenarien erwarten uns?

Für mich ist klar, dass sich die Zinsspirale weiter nach unten bewegen wird: Gerade weil die Weltverschuldung derart hoch ist und ein Anziehen der Zinsen so manchen Staat in Schwierigkeiten bringen würde, wird es keine Zinswende geben. Ganz im Gegenteil. Der Nullzinsphase werden die Negativzinsen folgen. Der Kleinsparer wird weiterhin enteignet und die Europäische Zentralbank unter ihrer Chefin Christine Lagarde wird die Umverteilung von den Sparern zu den Staaten vorantreiben und fördern.

Ich und andere sehen deutliche Anzeichen einer Rezession. Die deutsche Automobilindustrie, die immerhin zu 13 Prozent zur Bruttowertschöpfung der deutschen Industrie beiträgt und die zehn Prozent der deutschen Industriebeschäftigung stellt[40], befindet sich in der schwersten Krise. Die USA haben unter Donald Trump einen verheerenden Wirtschaftskrieg mit Strafzöllen geführt, in dessen Folge weitere Wirtschaftszweige ins Wanken geraten – und der auch durch den neuen Präsidenten Joe Biden nicht richtig beendet wird. Und das Wachstum der zweitgrößten Volkswirtschaft der Welt, China, verlangsamt sich seit 2007 merklich. Zehn Jahre lang hat man die drohende Rezession mit billigem Geld weggedrückt. Doch immer mehr Geld drucken schafft keine Werte, es verlagert nur Probleme.

Ich sehe drei Etappen, die den nächsten Finanzcrash begleiten:

1. Wir werden zuerst eine Deflation erleben, also einen allgemeinen, deutlichen und anhaltenden Rückgang des Preisniveaus für Güter und Dienstleistungen.
2. Ihr folgt eine Hyperinflation (in der sich das Preisniveau sehr schnell erhöht), weil viel Geld gedruckt wird, um der Deflation entgegenzuwirken.
3. Und schließlich kommt es zu einer Währungsreform, wie 1948 in Deutschland. In einem mehrstufigen Verfahren wurden Sparguthaben und sonstiges Buchgeld im Verhältnis 100 Reichsmark zu 6,50 Deutsche Mark umgestellt.[41] Eine Währungsreform ist nichts anderes als der Tausch von Guthaben der Bürger gegen die Schulden des Staates.

Wie kann man sich vor dem nächsten Finanzcrash schützen?

Marc Friedrich sagt: »Keine großen Summen auf der Bank lassen, also Geld vom Konto abheben. Weil das Geld auf dem

Konto gehört nicht dem Bürger, sondern ist ein Kredit an die Bank. Außerdem sollten Anleger in limitierte Sachwerte investieren, zum Beispiel in die Edelmetalle Gold und Silber, Wald, Whisky, Diamanten, Aktien und so weiter.«[42] Warum sollte ein intelligenter Mensch Geld sparen, wenn der Staat immer neues Geld druckt oder heutzutage per Knopfdruck digital produziert? Sparen galt einst als klug. In meinem Geburtsjahr 1976 betrug der durchschnittliche Sparzins in Westdeutschland 7,4 Prozent (und in der DDR immerhin manierliche 3,25 Prozent). 100.000 D-Mark Sparguthaben brachten also 7.400 D-Mark Zinsen jährlich ein. Real blieben nach Abzug der Inflation noch 3.300 D-Mark übrig. Heute ist das anders. 100.000 Euro bringen Minuszinsen. Jede noch so minimale Inflation würde die Negativrendite noch weiter ins Minus drücken. Daher ist Sparen heute leider keine kluge Entscheidung.

Wenn Zentralbanken aus Papiergeld aus- und in Gold einsteigen, sollte das die privaten Anleger aufhorchen lassen. »Gold ist geronnenes Vertrauen oder auch geronnenes Misstrauen gegen alle anderen Wertversprechen des Finanzmarktes. Der Preis des Goldes steigt, wo immer Misstrauen aufkommt. Misstrauen in die Zukunft, die Politik und die Regierung. Und er fällt oder stagniert, wo Vertrauen herrscht«[43], schrieb der Publizist und Volkswirt Roland Baader. »Schauen wir uns heute um, sehen wir immer stärkeres Misstrauen in fast allen gesellschaftlichen Bereiche.«

Der deutsche Steuerzahler und Sparer wird in den kommenden Jahren Hunderte von Milliarden Euro zahlen müssen – durch Geldentwertung und weggefallene Zinsen, durch schleichende Enteignungen wie Einbußen von Sparvermögen und Werten an Lebensversicherungen. Der einzige Schutz davor ist, einen anderen Umgang mit dem Geld zu erlernen und in risikofreie Geldanlageformen zu wechseln.

Kein Szenario, sondern Realität: Wie die Coronapandemie Wirtschaft und Finanzsystem gefährdet (hat)

Die Coronapandemie hat unser Konsumverhalten, den Geschäftsbetrieb, den Arbeitsalltag, die Lieferketten und globale Handelsströme massiv verändert – und in vielen Ländern eine große Wirtschaftskrise ausgelöst. Wenn es bislang nicht zu einer großen Insolvenzwelle bei Unternehmen gekommen ist, dann nur, weil das Insolvenzrecht während der Pandemie großzügig ausgelegt wurde. Dies war besonders auch in Deutschland der Fall und täuscht bis heute über das wahre Ausmaß der Krise hinweg.

Die ersten politischen Maßnahmen im Frühjahr 2020 zur Unterstützung von Unternehmen konzentrierten sich stark auf Liquiditätsprobleme. Doch das entscheidende Problem wurde im weiteren Verlauf die Zahlungsfähigkeit und ist es immer noch. Damit ist die Fähigkeit einer Person oder Unternehmung gemeint, ihre fälligen Verbindlichkeiten sofort bzw. innerhalb absehbarer Zeit zu erfüllen.[44] Diese Solvenzkrise untergräbt in vielen Ländern bereits die Basis der Gesamtwirtschaft. Das Problem ist dabei schlimmer, als es an der Oberfläche erscheint. Denn die gewaltige Liquiditätsunterstützung und das Chaos der Pandemie wie auch der Krisenbewältigung selbst haben die Dimension des Problems verschleiert. Unterstützungsprogramme sind inzwischen ausgelaufen oder wurden heruntergefahren und das vorhandene Unternehmensvermögen wird durch Verluste aufgezehrt. Die Staaten verfügen nicht über unbegrenzte Geldvorräte und vor allem keine unbegrenzten Möglichkeiten der Schuldenaufnahme.

Corona ist nicht allein für die größte Wirtschaftskrise seit dem Zweiten Weltkrieg verantwortlich. Das globale Wachstum stagnierte schon 2019. Der Anteil von Zombieunternehmen in den OECD-Staaten – also Unternehmen, die überschuldet sind und ihre Kredite nicht mehr tilgen können – lag bereits Ende 2019 je nach Land bei zehn bis 30 Prozent, in Griechenland und Italien noch höher. Ihr Anteil ist gerade deshalb auf nun 25 bis 30 Prozent gestiegen, weil das von den Zentralbanken erzeugte Geld Anlagemöglichkeiten gesucht hat und es etliche politische, rechtliche und antimarktwirtschaftliche Strukturen gibt, die unrentable Firmen am Leben halten. Nun traten im Frühjahr 2020 die massiven Einschränkungen des gesellschaftlichen, öffentlichen und wirtschaftlichen Lebens hinzu. Reiseanbieter, Luftlinien, Messe-, Kultur- und Eventfirmen, Restaurants, Hotels und stationäre Einzelhändler haben weltweit fünf bis 25 Prozent an Umsatz verloren. Manche gar 100 Prozent, weil sie gar nicht mehr arbeiten durften. In den Industrieländern dürfte das Bruttosozialprodukt um fünf bis zehn Prozent zurückgegangen sein, in manchen Ländern stärker.

Nur aufgrund staatlicher Eingriffe – paradoxerweise wegen staatlicher Eingriffe – ist die Pleitewelle verhindert, aber im Kern eben verschoben worden: durch milliardenschwere Unterstützungsprogramme, die nicht immer zielgerichtet waren und oftmals alte Strukturen gestützt haben oder noch stützen; und durch die Aushebelung oder Änderung des Insolvenzrechts. Doch damit wurde der Zeitpunkt der Pleite lediglich in die Zukunft geschoben, obendrein sind viele Lieferanten unverschuldet gefährdet worden, die auf ihren Rechnungen sitzen geblieben sind. Trotzdem mussten schon während der Pandemie viele Unternehmen Mitarbeiter entlassen oder haben Selbstständige und Firmen nicht mehr beauftragt. All dies trübte deren Kaufkraft und volkswirtschaftliche Nachfrage weiter ein. Hinzu kamen zurückgestellte Investitionen und Beschaffungen.

Gehen in diesem und den kommenden Jahren 25 bis 30 Prozent der Unternehmen pleite, entsteht daraus auch eine Bankenkrise. Denn wenn das Eigenkapital der Geldinstitute unter die Marke von acht Prozent der Bilanzsumme rutscht, müssen die Banken anderswo Kredite abbauen, um weiter ihre Eigenkapitalquote zu halten. Ein Teufelskreis entsteht, der weitere Unternehmen in die Insolvenz treibt und Mitarbeiter arbeitslos werden lässt.

Die erste Welle der politischen Maßnahmen in den Industrieländern – mit unbürokratischer Soforthilfe und Geldflutung – hat schwerwiegende Folgen für die Wirtschaft und den Arbeitsmarkt verhindert. Doch im weiteren Verlauf der Krise – selbst wenn die Pandemie beendet ist – wird es massive strukturelle Veränderungen geben. Diese sind so gewaltig, dass sie auch das Finanzsystem erschüttern.

Geld – was es ist und wie es funktioniert

Bevor wir weitermachen, sollten wir aber erst einmal klären, was Geld überhaupt ist, wie es funktioniert und wie es sich herausgebildet hat.

Geld ist ein Mittel für den indirekten Tausch von Gütern. Es erhält seinen gesellschaftlichen Wert besonders dadurch, dass es allgemein (von uns allen) akzeptiert wird. Ist dies nicht der Fall, ist die Funktion der jeweiligen Währung mitunter stark eingeschränkt – oder verliert ständig an Kaufwert. Geld ermöglicht es Menschen, die Beschränkungen des direkten Tausches von Waren zu umgehen, indem sie eine Vermittlungsfunktion übernehmen. Friedrich August von Hayek bemerkte, dass Geld eigentlich nicht als Hauptwort, sondern als Eigenschaftswort behandelt werden sollte: Manche Güter sind »geldiger« als andere.[45] Denn aufgrund der unterschiedlichen physischen Beschaffenheit eignet sich nicht jede Ware gleichermaßen als Geld. Bestimmte Eigenschaften, wie bessere Transportfähigkeit, vorteilhafte Kaufkraft, leichte Teilbarkeit, hohe Einheitlichkeit und lange Haltbarkeit, sind für die Erfüllung der von einem Tauschmittel verlangten Aufgaben besonders dienlich.

Die Tauschfunktion ist die einzige Funktion des Geldes. Recheneinheitsfunktion und Wertaufbewahrungsfunktion des Geldes und andere, auf die ich noch kommen werde, sind keine eigenständigen Funktionen. Sie sind allesamt Ausdruck der Tauschmittelfunktion. Der Nutzen des Geldes besteht also einzig und allein darin, als Tauschmittel zu dienen. Geld ist ein Gut wie jedes andere auch. Mit der Besonderheit, dass es das liquideste Gut und daher das – allgemein akzeptierte – Tauschmittel ist.

Welche Arten von Geld gibt es? Ludwig von Mises teilte Geld in drei Kategorien ein:

- »Sachgeld besteht aus Gütern oder Güterzertifikaten,
- Kreditgeld besteht aus übertragbaren Forderungen und darauf basierenden Umlaufsmitteln,
- Zeichengeld besteht aus Symbolen: digital, gedruckt oder geprägt.«[46]

Letzteres ist eine Geldart, die reine Konvention ist: reines »Fiat-Geld« (von lateinisch »fiat« – »es werde!«), nur bestimmt durch das Zeichen (Stempel, Prägung, Aufdruck oder digitale Spezifikation) und beliebig festsetzbar. Beispiele für Zeichengelder unterschiedlicher Reinheit sind Scheidemünzen, Gutscheine (sofern sie keine einklagbaren Forderungen darstellen), Essensmarken, »Meilen« oder Bonuspunkte (sofern übertragbar).

Die Geldeigenschaft ist in einem gesellschaftlichen Entdeckungsprozess in bestimmten Gütern entdeckt worden. Warengeld hat sich in Marktgesellschaften herausgebildet, in denen Fremde regelmäßig miteinander tauschen. In Sippengemeinschaften spielt Geld eine untergeordnete Rolle. Es werden nur Überschüsse getauscht und diese allenfalls als Kreditgeld angeschrieben – bis hin zum Schenken. Die Marktseite des Geldes ist die Zahl auf der Münze, die in der Regel auf historische Gewichtsangaben zurückgeht. Es gibt auch eine staatliche Seite des Geldes – der Kopf auf der Münze –, wobei Geld Herrschaftssymbol und Steuereinheit ist.

Gutes Geld ermöglicht in günstiger und nachhaltiger Weise seinen Nutzern die Tauschfunktion. Historisch gesehen am besten dazu geeignet waren Edelmetalle oder auf Edelmetallen beruhende Zahlungsmittel. Die Hauptfunktion des Geldes, die Tauschfunktion, stiftet Gesellschaft. Denn gutes Geld verbindet einander fremde und misstrauende Menschen als anonymer und reiner Wertträger. Eine Unterfunktion der Hauptfunktion des Geldes, die Wertaufbewahrungsfunktion, macht aus gutem Geld einen Energiespeicher, der es Menschen erlaubt, mit ihren Kräften über eine längere Periode oder gar die Lebenszeit hinweg hauszuhalten und materielle Unabhängigkeit zu erlangen. Eine weitere Unterfunktion der Hauptfunktion des Geldes, die Recheneinheitsfunktion, erlaubt wirtschaftliche Kalkulation und damit die effiziente Verwendung knapper Ressourcen in bestmöglicher Übereinstimmung mit den Wünschen und Vorstellungen der Menschen. Auf all diese Funktionen möchte ich in diesem Kapitel ausführlicher eingehen.

Ohne Geld mit seinen so nützlichen Eigenschaften ist kein Finanzsystem der Welt vorstellbar. Allerdings ist Geld nicht gleich Geld und kommt in verschiedenen Formen und Facetten daher. Vor allem aber hat Geld keinen Wert an sich – sondern nur den, den wir ihm zuschreiben. Wenn Geld, üblicherweise in Form einer Währung, nicht akzeptiert wird, ist es also wertlos oder zumindest von entsprechend minderem Wert.

Der wichtigste Charakterzug, der Geld innewohnt, ist wohl der **Wert**. Und der Wert ist eben nur das, woran wir glauben und worauf wir uns – häufig unausgesprochen – verständigt haben. Geld hat immer ein Äquivalent – aber auch nur eines, was wir ihm zuschreiben. Obendrein kann es sich stets ändern. Geld stellt den Gegenwert für Produkte, Dienstleistungen und unsere Arbeitsleistungen dar; und mit Geld wiederum befriedigen wir unsere materiellen und oft auch geistigen Bedürfnisse. »Mit Geld wird im Kaufakt bezahlt. Ohne Geld gibt es keine entwickelte Tauschgesellschaft ...«, sagt Karl-Heinz Brodbeck in *Die Herrschaft des Geldes*.[47] Neben der Bewertung/dem Wertäquivalent ist die bereits erwähnte Kernfunktion von Geld die des **Tauschens**. Euro, Dollar, Franken oder auch staatlich unabhängige Kryptowährungen können wir gegeneinander, gegen Brot und Wasser, Autos, Urlaubsreisen und auch gegen Gold, Goldketten, Goldzertifikate oder Aktien von Goldminenbetreibern eintauschen – und umgekehrt. Letzteres ist von zentraler Bedeutung. Die Gegenseite und auch wir akzeptieren das Geld nur, weil sie und wir glauben und hoffen, dass wir selbst später etwas Gleichwertiges dafür bekommen würden.

All dies basiert auf **Vertrauen** – Vertrauen in den Wert der Währung, der vermeintlich durch den Staat beziehungsweise die geldausgebende Zentralbank garantiert wird. Dabei sollten wir wissen: Es ist gar nichts garantiert! Es gibt keinen verbindlichen, festen Gegenwert für einen Dollar oder einen Euro. Die klassischen sogenannten Fiat-Währungen sind ohne jeden inneren Wert. Der Gegenwert ist nur das Ergebnis des täglichen neuen Aushandelns. Es gibt keinerlei Gewähr für irgendeinen Gegenwert der Währungseinheit. Geld und unsere Währungen basieren daher auf purem Glauben, stillschweigender Vereinbarung und eben dem Vertrauen, das wir der Währung oder dem dahinterstehenden Staat/Geldsystem oder der Wirtschaft geben. Wenn das Vertrauen erschüttert wird – nicht nur wegen politischer oder wirtschaftlicher Krisen, sondern oft auch hervorgerufen durch fundamentale Wirtschaftsdaten oder Interventionen der Regierung –, geht die Kurve natürlich nicht nur nach unten. Je nach Gegenstück steigt sie auch entsprechend, und zwar für die Gegenseite. Die deutsche Hyperinflation in den 1920er-Jahren fand ihren Ausdruck im exorbitanten Kurs der Reichsmark zum US-Dollar. Wer Dollar hatte, war also fein raus. Aus diesem Grund ist der Greenback und in Abstufungen der Euro, so wie früher die Deutsche Mark, in bestimmten Weltregionen auch oft das bevorzugte Tausch- oder zumindest Wertaufbewahrungsmittel. Aus diesen wiederum flüchten andere in das Gold.

Zur Tauschfunktion und zur Bewertung gesellt sich beim Geld die Unterfunktion des **Transfers** und der praktischen **Zahlungseinheit/Recheneinheit** – nicht zu verwechseln mit dem **Zahlungsmittel** – und damit die Übertragbarkeit auf jede Person. Geld wandert, und dies tut es dann auf Basis eines Zahlungsmittels wie Bargeld, elektronisch per Überweisung, App, Kreditkarte, Google Pay – oder Goldmünzen.

Geld benötigt einen Standard, eine **Einheit** – und genau darin besteht auch eine der Gefahren von Geld, nämlich wenn der Wert verwässert wird, etwa durch Abfeilen von Münzen, schlechte Legierungen mit geringerem Edelmetallanteil oder mit dem berühmten Anwerfen der Gelddruckmaschine, was heute wesentlich einfacher ist: Per Mausklick in der Zentralbank oder durch politische Entscheidungen über teils absurde Finanzierungsmethoden (TARGET2) werden Milliarden geschaffen. Denn es ist nach wie vor der Staat (oder dem Staate nahestehende, unabhängige Institutionen oder gar rechtlich gesehen private Organisationen wie die Federal Reserve Bank in den USA), der das Währungsmonopol besitzt und die Regeln für die Werte/die Bewertung aufstellt, bestimmt vor allem durch den Leitzinssatz und die Geldmenge.

Und natürlich dient uns Geld auch als **Wertspeicher** – wenn wir der Meinung sind, dass es (für uns und vor allem auch allgemein) einen gewissen Wert hat. Aus diesem Grund verkaufen wir Dinge oder unsere Arbeitsleistung gegen Geld und hoffen, dass es idealerweise unbegrenzt seinen (imaginären) Wert behält.

Geld bildet also die Basis für unser modernes Wirtschaftsleben und ist damit eine der wichtigsten zivilisatorischen Errungenschaften.[48] Geld ermöglicht überhaupt erst die moderne Wirtschaft und die Fülle des Waren- und Dienstleistungsangebots. Ohne Geld wäre unsere Gesellschaft höchst ineffizient – auch jenseits von schieren Transaktionen.

Denn kulturhistorisch war die Erfindung und Einführung von Münzgeld in Griechenland (und des Papiergelds im 9. Jahrhundert in China) eine Grundvoraussetzung für die geografische Erweiterung der Märkte.[49] Heute ist die gesamte Welt eingespannt, dank Dollar, Euro und Devisenmärkten, demnächst vielleicht mit dem chinesischen Yuan als Leitwährung oder den Kryptowährungen. Und das fließende, sich bewegende Geld ist dann auch Motor der Entwicklung: von Ideen, dem Austausch der Menschen, der Neuentwicklung von Arbeitsmethoden, Waren oder Verkehrsmitteln. »Die Nutzung von Geld überwindet in der Marktwirtschaft die Fesseln persönlicher Beziehungen. Mit der Abstraktion vom Gebrauchswert wächst die Chance internationaler Arbeitsteilung. Sie erhöht die Produktivität. Die Verteilung von Waren, Risiken, Zeit- und Ortsdifferenzen können ohne Rücksicht auf personale Bande gesteuert werden«, sagt Udo Reifner dazu.[50]

Geld hat also unzählige und vor allem praktische Vorteile, doch der Knackpunkt dabei ist immer wieder: Die Menschen müssen an den Wert der jeweiligen Währung glauben, während die Zentralbank alles dafür tun muss, den Wert des Geldes stabil zu halten. Beides geht einher mit und basiert auf ökonomischen Grundgesetzen, die (mittel- und langfristig) niemand austricksen kann, so oft es in der Geschichte auch versucht worden ist.

Der Staat (oder die EZB als Bank eines Staatenbunds) »garantiert« mit seiner Notenbank, weil er stark ist, weil er für

Recht und Ordnung und den Gesetzgeber steht und natürlich auch für Steuereinnahmen und Wertbesitz. Viele Zentralbanken weltweit (mit der Deutschen Bundesbank auf Platz zwei) halten noch immer Gold als Währungsreserve, auch wenn keine Währung mehr durch Gold gedeckt ist und das gesammelte Gold nicht ansatzweise etwas ausrichten könnte.

Geld bedeutet auch Zukunft. Geld gibt die Möglichkeit, sich etwas aufzubauen. Natürlich ist Geld nicht alles, aber ein Antrieb; etwa, um ein Unternehmen zu gründen. Die »Erfindung« von Geld bedeutete auch, dass man es mehren kann, durch Investitionen oder eigener Hände Arbeit. Auch damit hat Geld die Grundlagen für unser modernes Wirtschaftssystem gelegt. Wenn jemand an den Wert des Geldes glaubt und die Rahmenbedingungen stimmen, dann konsumiert er nicht nur, sondern legt das Geld für die Zukunft beiseite oder legt es an oder baut sich damit etwas auf. Nur dadurch sind Wachstum und Wohlstand möglich. Geldbesitzer suchen sich dabei immer neue Renditemöglichkeiten, neben der Realwirtschaft auch auf dem Finanz- und Immobilienmarkt. Hierbei besteht indes die Gefahr von spekulativen Blasen.

Unterbrochen wird das Wachstum freilich von Inflationen, Währungsreformen, Finanzkrisen, eben Vertrauensverlusten. Spätestens dann suchen die Menschen nach dem sicheren Hafen und nach Alternativen für ihr Vermögen – oder haben es idealerweise schon vorher getan, oft in Form anderer Währungen oder von Gold. Denn insgeheim traut nicht jeder der offiziellen Geldpolitik. Leider versucht der Staat alles, vor allem wenn das Vertrauen nicht ganz so berechtigt ist, seine Bürger daran zu hindern oder die Alternativen einzuziehen oder zu reglementieren, weil sie auch in den Augen des Staates viel wert sind. Nicht nur in Deutschland musste man im Ersten Weltkrieg »Gold für Eisen geben«. Ausgerechnet die USA verboten 1933 kurzerhand den privaten Goldbesitz. Heute wiederum begrenzen vor allem Weichwährungs- oder autoritäre Staaten die Devisenflucht. China versucht, den Handel mit Kryptowährungen zu beschränken, während ihn andere Länder ganz verboten haben. Erst im November 2020 hat China den Börsengang des milliardenschweren Finanzdienstleisters Ant abgesagt (auch aus Angst, hier entstehe zahlungsmitteltechnisch ein Staat im Staat). Solche Phänomene sind also immer auch eine (angenommene) Reaktion der Bürger auf mögliche Fehlentwicklungen: Ängste, die damit das exakte Gegenstück zum Glauben an eine harte Währung und zum Traum von einer besseren Zukunft darstellen.

Historisch gesehen ist der Vertrauensvorschuss in eine Währung und seine Hüter jedenfalls kaum gerechtfertigt, was immer wieder aktuell bestätigt wird. So wurden Ende 2016 in Indien über Nacht 86 Prozent des Bargeldbestands an Rupien aus dem Verkehr gezogen. Offizielles Ziel: Korruptionsbekämpfung. Die Geldscheine mussten umgetauscht werden – jedoch unter strengen Regeln. Da viele Banknoten nicht legal erworben worden waren, sondern durch Bestechung, wurden sie meist wertlos. Denn ihre Gültigkeit konnte nur über die kontrollierte Einzahlung auf ein Bankkonto erhalten werden.

Dabei ist übrigens unser Geld auf dem Konto die wohl größte Illusion. Anders als das so begehrte Bargeld in der Hand ist es nämlich nur eine Sichteinlage, ein Auszahlungsversprechen. Es ist real gar nicht da! Schätzungsweise 92 Prozent der Geldmenge existieren nur noch digital in Computersystemen. Geld ist also eine reine Fiktion, ein ungedecktes Versprechen des Herausgebers, angetrieben durch alle Marktteilnehmer. Wenn der Staat es will, oft durch einen Federstrich, kann alles von einem Tag auf den anderen verloren oder zumindest halbiert sein.

Vermögen

Die Grenzen meiner Sprache bedeuten die Grenzen meiner Welt.

Ludwig Wittgenstein

»Vermögen« hat in unserer Sprache zwei wesentliche Bedeutungen:

- Es ist zum einen die Kraft, die Fähigkeit, etwas zu tun; in der Regel etwas Bestimmtes. Eine Gabe, ein Talent, etwas, das man sich angeeignet hat.
- Die andere, meist zuerst auftauchende Assoziation dreht sich um den Besitz einer Person oder einer Familie, der einen materiellen Wert darstellt. In einer Marktwirtschaft wollen die Marktteilnehmer einen Teil ihres Eigentums oder Vermögens in Geld vorrätig halten. Sie wollen nicht nur Vermögen, sie wollen auch Geld besitzen. Ihre Liquiditätsreserve ist ein ungenutzter Teil ihres Vermögens.

Beide Wortbedeutungen stehen in engem Zusammenhang. Denn mein Talent und meine Fähigkeiten versetzen mich in die Lage, meine Leistungen am Arbeitsmarkt anzubieten oder geschickt Geld zu investieren, um daraus Einkommen und Gewinn zu erzielen. Mit diesen Mitteln kann ich Vermögen bilden, also beispielsweise Sachwerte kaufen. Ein hohes Vermögen versetzt mich wiederum in die Lage, meine Kräfte und Gaben zu verbessern, um diese Art von körperlichem und geistigem Vermögen erneut einzubringen. So schließt sich der Kreis und es entsteht idealerweise ein Vermögenszyklus.

Finanzwissen: Umgang mit Geld

Was haben Werke von Hermann Hesse, die Wirkungsweise eines Kernkraftwerks und der Kalte Krieg miteinander zu tun? All diese Dinge werden in deutschen Schulen behandelt. Was bei der Bildung deutscher Schüler hingegen kaum eine Rolle spielt, ist der Umgang mit Geld. Ob Girokonto, Aktiendepot, Inflation, Konjunkturzyklen, Geldwerte, Sachwerte oder Konsum – in kaum einer Bildungseinrichtung wird der Nachwuchs für das wahre Geld-Leben fit gemacht. Eine Entwicklung, die schlimme Folgen hat, die heute in vielen Situationen des täglichen Lebens bereits sichtbar geworden sind.

Wen wundert es angesichts der schlechten Bildung von Menschen in finanziellen Angelegenheiten, dass Anlageempfehlungen von »Experten« für zweifelhafte Finanzprodukte oft in den finanziellen Ruin führen – und nicht zu einer Wohlstandsmehrung? Ob Kapitallebensversicherung oder Immobilienfonds – wenn dem Vermittler eine gute Provision winkt, werden alle Hebel in Bewegung gesetzt, um schnell zum Abschluss zu kommen. Kundenfragen nach Details? Rentabilitätsnachweise? Verstehen der Anlageinstrumente sowie deren Wirkungsweise? Fehlanzeige! Und dank der fehlenden Bildung in Gelddingen erkennen viele auch die Probleme nicht, die selbst den staatlichen Förder- und Sparprogrammen Riester- oder Rürup-Rente anhaften. Solch halbseidene Finanzberatung, die die Unerfahrenheit im Umgang mit Geld und Vermögen ausnutzt, hat schwerwiegende Auswirkungen. Für den Einzelnen genauso wie für die Gesellschaft.

Ein besonders böses Kapitel ist dabei der »Raubzug« westlicher Glücksritter nach der Wende 1989/1990 in den neuen Bundesländern. Hier wurden Millionen unerfahrener »Ossis« aufs Kreuz gelegt. Natürlich gab es auch seriöse Berater, Traumrenditen und Geschäftsbeziehungen, die bis heute halten. Viele Ostdeutsche ließen sich aber von den zwielichtigen Vertretern der Branche überreden, in Dinge zu investieren, die nicht funktionierten oder die sie gar nicht brauchten: überflüssige Versicherungen, Schrottimmobilien oder Immobilien in sich leerenden Städten oder die berüchtigten Timesharing-Ferienwohnungen. Die ansonsten so glückliche Wiedervereinigung – mit den heute für alle sichtbaren blühenden Landschaften – wurde damit erheblich torpediert. Die Gefahr solcher (absichtlichen) Fehlberatungen mit Verwerfungen besteht immer. Hier war es leider ein besonders weitverbreitetes Phänomen gepaart mit einer historischen Sonderphase, in der Unwissenheit – wie sollte es auch anders sein bei Bürgern, die im Sozialismus aufgewachsen sind – ausgenutzt wurde.

Das Erodieren der gesellschaftlichen Grundordnung und unseres Zusammenhalts und der drohende Bankrott des Sozialstaates – mit einer Vielzahl von (immer neu hinzukommenden) Anspruchstellern – machen indes die finanzielle Bildung zu einer Schlüsselqualifikation. Der Fokus sollte dabei stark auf Eigenverantwortung liegen. Dass die Deutschen hier jedoch erheblichen Nachholbedarf haben, bringen regelmäßig Studien ans Licht. Ein schwacher Trost ist dabei, dass es auch in anderen Ländern mit dem Finanzwissen hapert. Die Allianz hat hierzu erst im November 2020 eine internationale Untersuchung über vier handfeste, aber einigermaßen simple Fragen und die dazugehörigen Antworten angestellt. Laut *Welt am Sonntag* war die Versicherung über das Ergebnis »fassungslos«.[51]

- Bei den ersten beiden Fragen ging es um Zinsen und den Zinseszinseffekt. Letzteren kannten oder erkannten 47 Prozent der Deutschen nicht – positiv gesehen kannten ihn also immerhin 53 Prozent.
- Ein Drittel wiederum wusste nicht, wie sich das persönliche Nettovermögen errechnet. Vorgegeben waren die Antworten

»a) Vermögenswerte minus Verbindlichkeiten, b) Verbindlichkeiten minus Vermögenswerte, c) Vermögenswerte plus Verbindlichkeiten oder d) Vermögenswerte geteilt durch Verbindlichkeiten?« Vielleicht sollte man aber gnädig sein und sich auf jene konzentrieren, die es wussten.

- Bei der vierten, der Inflations-Frage: Bei »Angenommen, in den nächsten zehn Jahren verdoppeln sich die Preise und das Einkommen ebenso, kann man dann a) mehr kaufen, b) weniger kaufen oder c) gleich viel kaufen?« lag nur ein Viertel daneben.

Alle vier Fragen auf mittlerem Grundschulniveau konnte jedoch nicht einmal ein Drittel (31,8 Prozent) richtig beantworten. Immerhin schnitten andere Nationen noch schlechter ab: Von den US-Bürgern wusste nur jeder Vierte alle richtigen Antworten, von den Franzosen sogar nicht mal jeder Fünfte.[52]

Eine Gesellschaft, in der private Altersvorsorge und Vermögensbildung immer wichtiger werden, kann sich aber Dummheit in Gelddingen nicht leisten. Denn irgendwann wird das Fehlverhalten vieler Einzelner gesamtgesellschaftlich zu spüren und vor allem zu zahlen sein. Vom einfachen Privatvermögen über mittelständische Betriebe bis hin zum Kapital einer ganzen Familiendynastie.

Solange aber Schüler und Studenten als totale Analphabeten des Geldes ins Leben entlassen werden,[53] ist es leicht, die Menschen davon abzulenken, über das wahre Wesen des Geldes und das nahende Ende der ungedeckten Papiergeldzeit nachzudenken. Es gilt daher, unverzüglich und mit Nachdruck für eine umfassende Wissensvermittlung im Finanzbereich einzutreten und Schüler und Eltern mit nutzwertigen Informationen zu versorgen. Nur so lässt sich manches wirtschaftliche Desaster in Zukunft vermeiden. Unternehmerisch wie privat. Ökonomisches Grundwissen und oftmals simples Nachrechnen decken auch die falschen ökonomischen Lehren oder politischen Träumereien und Irrwege mancher Parteien auf. Gleichzeitig kann es das Theoriegebäude der gemischten Wirtschaft, einer staatslastigen Mischung aus Sozialismus und Kapitalismus wie derzeit, zum Einsturz bringen. Denn dieses Konstrukt kann nicht dauerhaft finanziert werden. Ein Umdenken in unserer Gesellschaft ist daher zwingend notwendig. Die Erkenntnis, dass unser heutiges Wirtschaften – und damit meine ich die Überregulierung und die hohen Abgaben und Steuern – eines Tages scheitern wird, ist für den Einzelnen, aber auch für die Gesellschaft überlebensnotwendig.

Doch das Thema hat nicht nur eine gesellschaftspolitische Dimension, sondern auch eine zutiefst persönliche: Menschen und Geld – das passt nämlich oft nicht zusammen. Sobald Geld ins Spiel kommt, denken und handeln wir irrational. Wir sind nicht mehr wir selbst. Geld wirkt auf uns wie eine Droge. Wir treffen jeden Tag eine Vielzahl an Entscheidungen. Dabei ist das Denken zwar die Grundlage unseres Handelns, doch kommt es dabei regelmäßig zu gefährlichen Denkfehlern. Denkfehler, so wie ich den Begriff verwende, sind Abweichungen zur Rationalität, zum optimalen, logischen, vernünftigen Denken und Verhalten. Zum Beispiel kommt es viel häufiger vor, dass wir unser Wissen überschätzen, als dass wir es unterschätzen. Oder die Gefahr, etwas zu verlieren: Sie bringt uns viel schneller auf Trab als die Aussicht, etwas zu gewinnen. Diese Denkfehler entstehen in unserem Unterbewusstsein.

Warum kaufen Menschen überteuerte Aktien? Sie glauben, dass sicher jemand bereit ist, noch mehr zu investieren. Und tatsächlich findet sich fast immer ein noch größerer »Idiot« mit derselben Hoffnung. Aus der Angst Einzelner, etwas zu verpassen, entstehen so mitunter Finanzmarktblasen.

Warum sind Menschen unzufrieden, wenn andere Menschen mit einem ähnlichen Einkommen in einem größeren und besseren Haus leben? Um das zu erreichen, was andere haben, oder um sie zu übertrumpfen, treffen Menschen falsche Entscheidungen. Denn die Zufriedenheit mit unserem Leben hängt vor allem vom Vergleich mit anderen ab.

Warum geben wir unüberlegt Geld für ein teureres Handy aus, das gar nicht nötig wäre? Weil wir häufig Entscheidungen auf der Basis von Handlungen anderer Menschen treffen.

Daher ist es ratsam, vor jeder Entscheidung, die mit Geld zu tun hat, möglichst die Emotionen einmal außen vor zu lassen. Sich zu fragen, ob es sinnvoll ist, die Anschaffung oder Investition zu tätigen, statt einfach nur, dem »ich will aber« zu folgen. Sobald Geld im Spiel ist, denken und handeln wir nicht mehr rational. Unser Verstand arbeitet häufig fehlerbehaftet. Und oft ist es so, dass wir systematisch unsere Fehler wiederholen. Wie jeder moderne Computer stellt auch unser Verstand Berechnungsfehler an. Aktuell beobachten wir beispielsweise bei den Kryptowährungen eigenartige Exzesse der Anlegergemeinschaft. Diese Entwicklung erinnert mich an die »Greater Fool Theory«. Sie besagt, dass Investoren eine Investition vornehmen und damit einen Gewinn einstreichen können, ohne sich um die fundamentalen Bewertungsgrundlagen der Anlageklasse zu kümmern, weil sie erwarten, dass sich bestimmt ein anderer »Idiot« finden wird, der bereit ist, im gleichen Markt einen noch höheren Preis zu zahlen. Eine mögliche Erklärung für das Auftreten von Spekulationsblasen.

Junge Leute sparen gern – allerdings mit Minusrendite

Zurück zum konkreten Wissen um Finanzprodukte. Hier ist die Unkenntnis unter jungen Leuten sogar besonders dramatisch: Gold, Immobilien, Aktien oder lieber ETFs? Anlagemöglichkeiten und Investitionsziele gibt es viele. Jede Produktklasse bedeutet allerdings eine Entscheidung – womit sich junge Leute schwertun. Ältere Generationen sind allein schon deshalb stärker an der Börse engagiert, weil sie es können und weil sie mehr Ahnung haben. Bankenverband und Banken haben uns hier einmal mehr reichhaltig mit Erkenntnissen zum Anlageverhalten der Altersgruppen ausgestattet: Demnach verfügen junge Leute über geringeres Finanzwissen und kennen sich folglich nicht so gut mit den Produkten aus. Auch nehmen sie sich weniger Zeit für Finanzplanung – obwohl private Altersvorsorge für sie wichtiger ist als für jene, die derzeit gut von ihrer Rente leben können. Dabei muss man rechtzeitig mit dem Investieren starten. Das Schlimme: Gerade mit dieser Zurückhaltung verpassen sie den genialen Effekt, dass ihr Geld drei, vier Jahrzehnte für sie arbeiten kann – und Erfolge auf solch lange Sicht fast garantiert sind. Natürlich hängt das finanzielle Engagement immer von der Lebensphase, dem Stand im Beruf und dem verfügbaren Einkommen ab. Beginnen aber sollte man sofort. Selbst mit 50 Euro monatlich, besser wären 100 oder gar 200, kann man sein Geld in Sachwerte anlegen.

Junge Leute sparen zunehmend – doch leider mittels Sparbuch, Tagesgeldkonto und Bausparvertrag. Sie sind mit zwei Dritteln die beliebteste Anlageform, hat die Deutsche Bank herausgefunden – obwohl es gar keine oder nur winzige Zinsen gibt und sie durch Inflation sogar Geld verlieren. Nur neun Prozent investieren in Aktien, also jene Produktklasse, die unter bestimmten Voraussetzungen auch zu den Sachwerten gezählt werden kann. Warum ist das so? Einmal mehr wollen sich junge Leute nicht entscheiden, flexibel sein und auf ihr Geld spontan zugreifen können. Das rächt sich aber im Alter! Eine vermietete Eigentumswohnung kommt für die meisten wohl erst später infrage. Doch man sollte sich rechtzeitig den Kapitalstock dafür legen, um mit beispielsweise Mitte 30 das nötige Eigenkapital dafür zu besitzen. Klug aufgeteilte Anlagen in Aktien, Industriemetalle oder auch Kryptowährungen können hierzu dienen. Und natürlich auch mindestens zehn Prozent des von mir so favorisierten Goldes, das in den letzten Jahrzehnten in der Anlegergemeinde ein Comeback erlebt hat. Mit dem so angesparten Kapitalstock lassen sich später größere Sprünge machen. Für eine Eigentumswohnung etwa benötigt man je nach Kreditwürdigkeit und Situation nur 20 oder 30 Prozent Eigenkapital – und hat dann bei Vermietung monatliche Zusatzeinnahmen, das sogenannte passive Einkommen.

Generation Y und Z tun sich bekanntlich mit Entscheidungen schwer, wollen flexibel sein und spontan auf ihr Geld zugreifen können. So vermehrt sich das Geld aber nicht und man verpasst auch den Zinseszinseffekt, und zwar über Jahrzehnte. Damit sind natürlich nicht die Sparzinsen gemeint, die bei null oder sogar darunter liegen, sondern die Rendite von Sachwerten. Das Prinzip ist dasselbe. Ein zentraler Faktor bei Geldanlagen ist nämlich die Zeit: Je länger der Anlagezeitraum, desto mehr kann ein Investment etwas erwirtschaften; etwa die Mieteinnahmen aus einer vermieteten Eigentumswohnung oder Aktien, die teils Dividenden von drei bis fünf Prozent abwerfen, die man neu investieren kann. Der Zeitfaktor ist indes auch aus einem anderen Grund nötig: All diese Produkte unterliegen verschiedenen Risiken. Es bedarf aber keines Beweises, dass man langfristig mit Sachwerten in den schwarzen Zahlen liegt. Daher: Rechtzeitig anfangen, auch mit kleinen Beträgen, und auf diese Weise Talsohlen und Dellen überstehen. Oder aber von wahnsinnigen Preissprüngen profitieren, die sich über Jahrzehnte einstellen: Wer vor mehr als 20 Jahren für 5.000 Euro Amazon-Aktien gekauft und sie gehalten hat, ist heute mehrfacher Millionär. Die Rendite: mehr als 120.000 Prozent!

Nur jene Millenials, die überhaupt über Aktien verfügen, sind risikofreudiger als die Alten: Sie sind deutlich stärker in Techaktien wie Apple, Amazon und Tesla investiert – und haben damit ihre Rendite so beschleunigt, als sei es ein Tesla Model S. Doch der Rest setzt paradoxerweise mehr auf vermeintliche Sicherheit als der ohnehin schon risikoscheue Durchschnitt der Deutschen. Dabei müssen sie sich ebenso bewusst machen: Sicherheit und Rendite schließen sich aus. Die vermeintliche Sicherheit bedeutet derzeit null Zinsen und damit Geldverlust – es ist also das Gegenteil von sicher.

Frauen und Geld

Keine Angst, hier kommen jetzt keine altbackenen Klischees zum Thema »Wie frau ihr Geld ausgibt«. Jedoch sind die Defizite auf der anderen Seite – nämlich beim Sparen, Investieren und Geldanlegen – gewaltig. Umfragen zeigen einen großen Nachholbedarf von Frauen beim Finanzwissen. In einer Umfrage des Meinungsforschungsinstituts YouGov für den Versicherer Axa gab knapp ein Drittel der Frauen an, nicht zu wissen, mit welchen Geldanlagen man langfristig am besten Vermögen aufbaut. Mehr als zwei Drittel konnten nicht annähernd die aktuelle Inflationsrate schätzen. Das Positive daran: Die Frauen wissen meist um ihre Wissenslücken. »Bei einer Umfrage des Zinsportals WeltSparen schätzten zwei Drittel der Teilnehmerinnen ihr Finanzwissen als mittelmäßig oder schlecht ein«, berichtet *Die Welt*.[54] Mit drastischen Konsequenzen: In derselben Umfrage gaben nur 37 Prozent der Frauen an, für das Alter vorzusorgen. Und das, obwohl Frauen mit gut 83 Jahren fünf Jahre älter werden als Männer. Diese Einstellung hat oft einen simplen Grund, wie Barbara Rune vom Berliner Frauenfinanzbüro der Zeitung sagte: »Manche Frauen vertrauen weiter darauf, dass sich ihr Partner oder Ehemann später schon um sie kümmern werde. Eigene Vorsorge halten einige deshalb gar für eine Art Misstrauensvotum gegen die Partnerschaft.«[55] Single-Frauen seien demnach realistischer und beschäftigten sich mehr mit ihren Finanzen. Allen gemein ist ihnen jedoch, dass sie risikoscheuer sind, was sich bei einem Anlagezeitraum von 30 Jahren als misslich erweist.

Das Kaskadenmodell: Das eigene Geld über mehrere Konten managen

Weil also die meisten Menschen wenig Verständnis schon allein für finanzielle Grundlagen, geschweige denn für Zusammenhänge und Mechanismen haben, müssen wir Systeme schaffen, die uns täglich dabei unterstützen, in keine Denkfalle zu tappen. Ein solches System ist das *Kaskadenmodell*. Mit ihm organisiert man – gedanklich und praktisch – die Art und Weise, wie man mit den persönlichen Finanzen umgeht. Ziel dabei ist auch, seine Kosten mit möglichst geringem Zeitaufwand zu kontrollieren. Dieses Modell besteht idealerweise aus sieben Konten. Davon kann man jedoch auch nach unten oder oben abweichen. Daher habe ich mich entschieden, es nicht mehr »Sieben-Konten-Modell« zu nennen, werde diese Methode aber anhand von sieben Posten erklären. Manche von Ihnen benötigen nur fünf, andere mehr – und je nach Lebenssituation kann sich dies auch immer wieder ändern. Und mit Konten meine ich hier nicht ausschließlich das klassische Bankkonto.

In der Mitte des Kaskadenmodells steht das – auch im übertragenen Sinne – zentrale **Einnahmenkonto**. Drum herum gruppieren sich jene Konten, die für verschiedene Ausgabenkategorien verantwortlich sind. Auf diese Weise lassen sich die täglichen Aufwendungen, Investments und Notfallausgaben besser organisieren und überblicken. Das Wichtigste an dem System ist, dass man Einnahmenkonto und Ausgabenkonten trennt. Diese beiden gegenteiligen Funktionen sind natürlich auch auf einem normalen Konto rasch zu erkennen, ausgedrückt durch den Plus- oder Minus-Saldo. Doch durch die unterschiedliche Natur der verschiedenen Ausgabenkosten – Höhe, Frequenz, Dringlichkeit, Planbarkeit – ist es nötig, diese auch tatsächlich zu separieren, um jeweils einen Überblick über die jeweilige Ausgabenart zu haben.

- **Geplante Ausgaben:** Dieses Konto ist für die Fixkosten da und für alle Ausgaben, von denen wir wissen, dass sie unabänderlich eintreten: die monatliche Miete, Strom- und Gasabschlagszahlungen, aber auch Versicherungen und Kreditrückzahlungen. Hinzu kommen Ausgaben, die durch eine Bestellung ausgelöst wurden und deren Begleichung beispielsweise in vier Wochen fällig wird. All diese Dinge werden von diesem Konto bestritten und entsprechend muss es auch gefüllt sein. Schließlich sind es geplante und bekannte Ausgaben, deren Höhe wir berechnen können, und wir haben dieses System und dieses Konto genau aus dem Grund, dass uns die Kosten nicht aus dem Ruder laufen. Zu der damit verbundenen Disziplin gehört auch, dass wir hier beispielsweise jeden Monat 100 Euro für eine Autoversicherung hinterlegen, für die im nächsten Januar wieder 1.200 Euro fällig werden. Viele von uns scheuen nämlich die Einmalabbuchung einer solchen großen Summe und vereinbaren eine Quartalszahlung – die allerdings einen Zuschlag kostet. Stattdessen sollten Sie über das Jahr Ihre persönliche Ratenzahlung auf Ihr eigenes Konto vornehmen, um dann auf einen Schlag alles abbuchen lassen zu können.
- **Risikokonto:** Dies ist für alle unvorhergesehenen Ausgaben gedacht – die aber früher oder später so sicher kommen werden wie ein Schwarzer Schwan. Insofern sind sie zwar nicht planbar im Sinne von konkretem Datum und genauer Höhe. Aber wir wissen, dass sie im Laufe des Lebens mit einer gewissen Wahrscheinlichkeit eintreten werden. Hierzu gehört die Reparatur eines Autos oder eine kaputte Waschmaschine,

die sofort ersetzt werden muss. Wenn Sie jedoch davon ausgehen, dass diese Dinge regelmäßig kommen oder einmalig in den nächsten Jahren zu Buche schlagen werden, können Sie sie auch den geplanten Ausgaben zuschlagen. Beispielsweise wenn sich jetzt schon abzeichnet, dass Sie Ihre Zähne teuer sanieren lassen müssen, durchaus zum Gegenwert eines Kleinwagens. Je nachdem wie vorausschauend Sie solche finanziellen Ereignisse angehen, sind sie also entweder im Konto der geplanten Ausgaben oder hier im Risikokonto.

- **Überlebenskonto:** Hier geht es nicht um das nackte, existenzielle Überleben – sondern um das schöne Leben, weil es sich so am besten überleben lässt: mit Spaß. Ausgaben, die nicht nötig sind, die aber das Leben angenehm und lebenswert machen und die – wenn wir es uns leisten können – zum Alltag gehören: essen gehen, eine Theatervorstellung besuchen, Freunde zur Grillparty einladen. So wie auch das Konto für Fixkosten müssen diese Ausgaben monatlich budgetiert und auch eingehalten werden. Das Geld muss also da sein – und zwar genau auf diesem Konto. Es soll und darf nicht von woanders weggenommen werden. Dies würde dem Sinn dieses Systems widersprechen.
- **Reservekonto:** Hier geht es jetzt um Notfälle, Rücklagen, eben Reserven dafür, wenn es hart kommt – oder ein entsprechender Bedarf da ist. Dies ist auch der Fall, wenn Sie sich mit 60 oder 65 Jahren zur Ruhe setzen und nun die Mittel aus Ihrer »Altersvorsorge« in Anspruch nehmen wollen. Den Begriff der »Altersvorsorge« nutze ich übrigens ungern. Er trifft zwar für die meisten von uns zu. Ich verallgemeinere ihn aber lieber im Sinne dieses Kontenmodells: Denn wenn Sie die Altersvorsorge benötigen, ist das nichts anderes als ein Bedarf. Etwa zehn Prozent des Einkommens sollten Sie jeden Monat in das Reservekonto einzahlen. Besonders hier gehört sehr viel Disziplin dazu, es auch nur dann anzutasten,

wenn es nötig ist, also wenn der Bedarf da ist – und es bei Abhebungen sofort wieder aufzufüllen, so wie beim fast leeren Tank eines Autos, das auf Reserve fährt. Dieses Reservekonto kann natürlich erst dann gebildet werden, wenn alle anderen Verpflichtungen bedient worden sind, also Rechnungen beglichen und Schulden/Kredite getilgt worden sind.

- **Investitionskonto:** Hierbei geht es um die Vermögensbildung – und damit meine ich nicht die Monatsraten für die private Rentenversicherung. Was ich unter »Vermögen« verstehe, habe ich ja im vorherigen Kapitel beschrieben. Dieses Konto soll einen vielmehr in die Lage versetzen, sein Vermögen weiter zu mehren, wozu auch der geistige Aspekt gehört: das, was mich in die Lage versetzt, Geld zu verdienen, mein Können, meine Talente. Je besser diese nämlich ausgebildet sind – ebenfalls ein Ergebnis von Investitionen –, desto mehr kann ich auch (damit) verdienen. Der zweite Punkt und Wortsinn ist das materielle Vermögen, das ich aus diesem Konto bilden kann. Hierzu gehört durchaus auch Luxus, also Kunst, ein Boot, Grundstücke, eben Besitz. Ein Eckpfeiler von Vermögen ist es, dieses zu investieren, es einzusetzen – etwa für zu vermietende Eigentumswohnungen –, um daraus wieder Einnahmen zu generieren.
- **Steuerkonto:** Für Unternehmer und Selbstständige ist das Steuerkonto ein mitunter hoher Ausgabeposten, den es einzuplanen gilt, so dass man es für anstehende Steuerzahlungen entsprechend ausstatten muss. Für Arbeitnehmer ist dieses Konto meist gar nicht relevant.

Wichtig beim Kaskadenmodell ist, dass es flexibel gehandhabt wird. Damit ist nicht Disziplinlosigkeit gemeint, sondern dass die Regeln, Summen und durchaus auch die Anzahl der Konten Jahr für Jahr an die aktuelle Lebens- und Einkommenssituation angepasst werden müssen. Das Leben ist dynamisch, daher muss auch dieses System entsprechend beweglich sein. Ideal ist, mit dieser Methodik binnen fünf Minuten einen vollständigen Überblick über die persönlichen Finanzen zu erlangen.

Zwischenfazit: Der Zustand unseres Finanzsystems

Folgende Beschreibung fand ich im Buch *Der Weg* ins Verderben des Finanzexperten James Rickards, dessen deutsche Übersetzung ebenfalls im FinanzBuch Verlag erschienen ist. Ich finde sie für unsere gegenwärtige Situation dermaßen treffend, dass ich sie hier gern sinngemäß wiedergeben möchte. In dem Roman *Cat's Cradle (Katzenwiege)* von Kurt Vonnegut, ersann der Schriftsteller eine Substanz, die er ›Ice-Nine‹ nannte. Die Substanz hat die Eigenschaft, sobald sie mit Wasser in Berührung kommt, sich sofort in Ice-Nine verwandelt. Der Erfinder der Substanz »Ice-Nine« war sich der Konsequenzen seiner Erfindung durchaus bewusst. Es musste um jeden Preis verhindert werden, dass die Substanz in die falschen Hände gerät. Denn »Ice-Nine« würde, sobald es in Kontakt mit einem großen Gewässer kommt, vermutlich den gesamten Wasservorrat der Erde über kurz oder lang einfrieren. Die Substanz »Ice-Nine« ist eine Metapher auf eine wahrscheinliche Reaktion der Zentralbanker und Politiker auf die nächste große Finanzkrise. Anstatt die Märkte, so wie in den letzten Jahrzehnten, mit Liquidität zu versorgen, wenn es im Finanzsystem zu Fehlfunktionen gekommen ist, kann beim nächsten finanziellen Super-Gau diese Versorgung eingefroren werden. Ich nenne dieses extrem wahrscheinliche Szenario „Geldeiszeit« (www.geldeiszeit.de).

Ice-Nine passt zu meiner Auffassung der Finanzmärkte als nicht vorhersagbare, komplexe Systeme. In einer Eiszeit frieren Wasserreservoirs mit einer exponentiellen Ausbreitung zu. Genau nach diesem Muster, Contagion oder Ansteckung genannt, breiten sich Finanzpaniken aus. Doch gibt es dafür keine wirksamen Medikamente, die das exponentielle Wachstum effektiv aufhalten können. Und es wird keine Institution geben, die das einmal in Gang gesetzte stoppt. Nicht einmal der bisherige Heilsbringer, die Notenpresse, wird etwas an der Situation ändern. Lassen wir James Rickards zu Wort kommen: »… Wenn die Erkenntnis um sich greift, bleibt als Ausweg nur die Quarantäne. Das bedeutet, Banken, Börsen und Geldmarktfonds zu schließen, Geldautomaten außer Betrieb zu setzen und Vermögensverwalter anzuweisen, keine Wertpapiere mehr zu verkaufen… Sie werden Ihr Geld unter Quarantäne stellen, indem sie es innerhalb des Finanzsystems einschließen, bis die Ansteckungsgefahr schwindet.«[56]

Alternativen und Schlussfolgerungen

Das Magische Dreieck der Geldanlage: Rendite, Sicherheit, Verfügbarkeit

Wenn sich ein Anleger eine ideale Geldanlage wünschen dürfte, sollte diese

- maximale Sicherheit bieten,
- die höchsten Renditen abwerfen und
- sich jederzeit wieder ohne Verluste zu Geld machen lassen.

Doch dies ist in der Praxis nicht realisierbar. Denn es herrscht in der Realität ein Spannungsfeld zwischen Sicherheit, Rendite und Verfügbarkeit – das Magische Dreieck der Geldanlage. Alle drei Kriterien lassen sich bei keiner Geldanlage in der gleichen Qualität erreichen. Sie stehen sogar in Konkurrenz zueinander, besonders Rendite und Sicherheit. Egal für welches Produkt ein Anleger sich entscheidet, er muss bei seinen verschiedenen Zielen Prioritäten setzen. Es gibt am Kapitalmarkt keine Geschenke. Ohne Risiko kein Gewinn. Steht bei einer Anlage die Rendite im Vordergrund, müssen Sie ein höheres Wagnis eingehen und auf Sicherheit und je nach Anlageprodukt und Anlagezeitraum auch auf Verfügbarkeit verzichten.

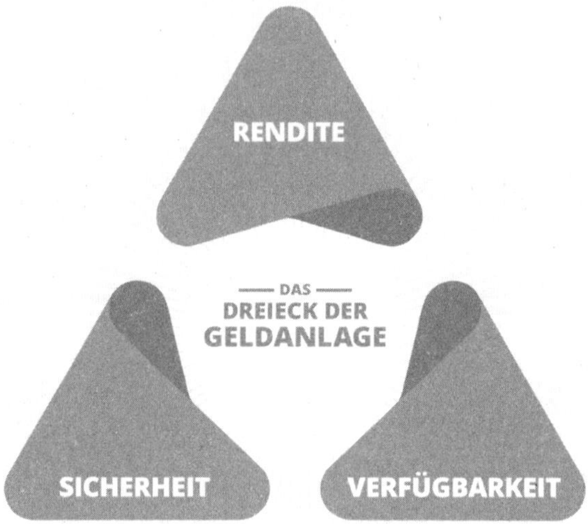

Die Eckpunkte des Dreiecks ermöglichen Ihnen eine Orientierung bei Ihrer Anlageentscheidung. Das Magische Dreieck ist deshalb eine nützliche Entscheidungshilfe. Sie können sich damit persönliche Klarheit über Ihre wichtigsten Kriterien bei der von Ihnen gewünschten Geldanlage verschaffen. Wer die Zielkonflikte versteht, kann Fehler bei der Geldanlage vermeiden und bessere Anlageentscheidungen treffen. Gerade die Anlage in Edelmetalle gestaltet sich facettenreich. Auch hier kann das Dreieck der Geldanlage eingesetzt werden. Mit einer Investition in beispielsweise Gold kann ein Anleger es als universelles Zahlungsmittel einsetzen, sich gegen die Risiken des Kapitalmarktes versichern oder auf eine Rendite aus sein. Wohlgemerkt sind dies Ziele und Absichten. Ob dies auch eintrifft, dafür gibt es keinerlei Garantie.

Die Drei-Speichen-Regel

Es gibt Regeln, die seit Menschengedenken bestehen und auch nach Hunderten von Jahren nichts an ihrer Aktualität und Gültigkeit eingebüßt haben. Im Bereich des Finanzwesens ist ein solch eherner Grundsatz die sogenannte »Drei-Speichen-Regel«. Nach dieser einst von einem jüdischen Gelehrten formulierten Systematik sollte jedes Portfolio aus drei Teilen bestehen: Immobilien, Edelmetalle und Bargeld. Mit diesem Mix können dann nicht nur Krisenzeiten gut überstanden werden. Es lassen sich auch Verluste vermeiden und oft sogar ordentliche Gewinne einfahren. Dass diese alte Drei-Speichen-Regel auch in unseren Tagen noch gilt, ist unter vielen Finanzexperten unumstritten.

Schon zu biblischen Zeiten haben Angehörige des Volkes Israel immer wieder positive Beispiele für den richtigen Umgang mit Gut und Geld gegeben. Eines der wohl bekanntesten Finanzgenies in der Geschichte war Josef, der Sohn Jakobs. Von seinen neidischen Brüdern nach Ägypten verkauft, gewann er dort bald das Vertrauen des Pharaos und wurde wegen seiner Klugheit und wirtschaftlichen Weitsicht sogar zum Landesfürsten ernannt. Dank seiner Vorsorge wandte er die schlimmen Folgen von Missernten ab und verhinderte eine gefährliche Hungersnot. Vor dem Hintergrund dieses Wissens verwundert es nicht, dass der jüdische Rabbiner Isaak bar Acha um 400 nach Christus eine wichtige und sehr weise Regel aufgestellt hat, die bis heute gilt. Demnach soll man ein Finanzvermögen stets in drei Teile splitten:

- ein Drittel Land,
- ein Drittel Handelswaren und
- ein Drittel bar zur Hand.

In unsere Zeit übersetzt bedeutet dieser Rat, dass eine vernünftige Kapitalanlage immer aus den erwähnten Komponenten Immobilien, Edelmetalle und Bargeld bestehen sollte. Die Überlegungen von Rabbi bar Acha haben sich beim Werterhalt und der Wertsteigerung von Vermögen bewährt. Das hat sich in den 1.600 Jahren seit der Weisheitsbekundung des Gelehrten mehrfach und eindrücklich bestätigt. So zeigen Studien aus jüngerer Zeit, dass die Drei-Speichen-Regel modernen Portfolio-Theorien in nichts nachsteht, sondern nach wie vor zu hervorragenden Ergebnissen führt.

Nach alldem stellt sich nun die Frage, wie die Drei-Speichen-Regel im privaten Bereich am besten umgesetzt werden kann. Die Antwort darauf ist nicht allzu schwer: Zunächst wird ein Drittel des Vermögens in Immobilienwerte investiert, wozu nicht nur Häuser und Grundstücke, sondern auch Fondsanteile von Immobiliengesellschaften zählen. Auf diese Weise ist eine solche Anlage auch bei kleineren Kapitalvermögen realisierbar. Ein weiteres Drittel geht in Bargeld, wobei eine Aufteilung in unterschiedliche Währungen wie beispielsweise Schweizer

Franken, US-Dollar und so weiter sehr empfehlenswert sein kann. Das letzte Drittel schließlich wird in Edelmetalle wie Gold, Silber, Platin und Palladium angelegt.

Auf den ersten Blick erscheint der hohe Anteil an Edelmetall in diesem Mix vielleicht ein wenig merkwürdig. Doch der Goldpreis – und mit ihm oft die Preise der anderen Edelmetalle – verhält sich in aller Regel umgekehrt proportional zu den übrigen Anlageformen, vor allem Aktien. Daher ergibt sich nach der Drei-Speichen-Regel eine ausgewogene Mischung hervorragender Investmentformen, deren Werte und Wertsteigerungen in einem sinnvollen und durchdachten Verhältnis zueinander stehen. Wenn Sie also auf der Suche nach einer ebenso bewährten wie zukunftsfähigen Anlagestrategie sind, sollten Sie die Drei-Speichen-Regel unbedingt in Ihre Überlegungen einbeziehen. Durch einen guten Mix, der Immobilienwerte, Währungen und Edelmetalle enthält, können Sie Ihr Kapital langfristig sichern und gute Gewinne erzielen.

John Exters Vermögenspyramide

Beim Magischen Dreieck habe ich dargestellt, dass in der Regel ein enges Verhältnis zwischen Risiko und Rendite besteht. Je höher das Risiko einer Anlage, desto höher auch die Renditeaussichten – und umgekehrt. Diesen Punkt greift auch die berühmte Vermögenspyramide von John Exter (1910–2006) auf. Der amerikanische Ökonom hat dieses Modell (auch als »Exters Goldene Pyramide« oder »Exters Umgekehrte Pyramide« bekannt) entwickelt, um typische Anlageobjekte entsprechend ihrem Risiko darzustellen – und entsprechend dem Volumen, in dem sie tatsächlich genutzt/gekauft werden. Herausgekommen ist daher eine umgekehrte Pyramide mit Gold an der unteren Spitze: geringstes Risiko, aber auch geringste weltweite Verbreitung.

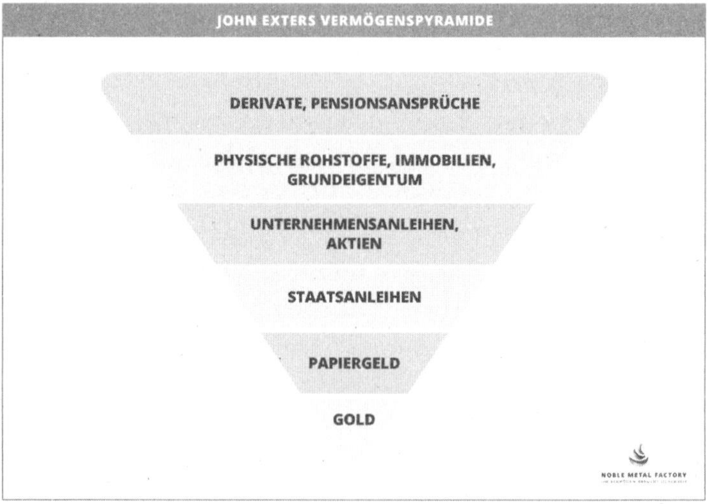

Exter hat international als Finanzexperte und Berater gearbeitet und war neben seiner Tätigkeit in herausragenden Funktionen in den USA, darunter bei der Federal Reserve Bank, auch am Aufbau zweier Nationalbanken beteiligt. Seine Expertise zog er daher nicht nur aus langjährigen (er wurde 95 Jahre alt), sondern auch weltweiten Erfahrungen. Nicht zufällig bildet in Exters Schema Gold die kleine, feine Basis für den zuverlässigsten Wert. Je höher wir das Konstrukt hinaufklettern, desto riskanter wird es – schon allein bildlich kann man sich dieses Wagnis gut vorstellen. Ganz oben thronten in der Originalpyramide die Schulden von Dritte-Welt-Ländern. Heute haben diese Stelle Derivate und unbesicherte Pensionsansprüche eingenommen.

Im nächsten Kapitel werde ich Gold mit anderen typischen Anlageklassen vergleichen. Dort geht es um die aktuelle Performance und ob man darauf setzen sollte. Hier jedoch bereits eine kurze Darstellung auf Basis von Exters »Risikosicht«: Der grundsätzliche dahinterstehende Mechanismus orientiert sich in starkem Maße an der generellen Stimmung und an der Liquidität. Es liegt nahe, dass in Zeiten von Geldüberfluss gepaart mit einem positiven Grundgefühl Geld in Anlageklassen fließt, die sich bei umgekehrten Vorzeichen als nicht ganz so gute Wahl erweisen. Kunst steht sinnbildlich dafür. In guten Zeiten sind Kunstwerke begehrte Anlageobjekte, in schlechten bleibt man drauf sitzen oder muss Verluste in Kauf nehmen. Derivate wiederum finden ihre Käufer, weil diese – bei hoher Liquidität – oft nicht wissen, wo sie überall ihr Geld anlegen sollen. Dass unbesicherten Pensionsansprüchen ein hohes Risiko innewohnt, steht schon im Namen. Dabei bedeutet »Risiko« wohlgemerkt nicht, dass das Desaster auch eintreten muss. Aber man bewegt sich auf dünnem Eis, und zwar dann, wenn die Liquidität und die Stimmung abnehmen und das Sicherheitsbedürfnis der Anleger zunimmt.

Denn die Stimmung am Markt schwankt ständig und hängt von den wichtigsten politischen, wirtschaftlichen und finanziellen Faktoren ab. Bestes Beispiel dafür sind Krisen: Da sucht man sein Glück eher in (vermeintlich) sicheren Anlagen. Auch die Kryptowährung Bitcoin – zu Exters Zeiten unbekannt – profitiert von diesem Zusammenhang. Während ich diese Zeilen schreibe, ist sie auf ein Rekordhoch von 24.000 Dollar geklettert, und es wäre interessant zu wissen, wo der Wissenschaftler sie eingeordnet hätte. Vermutlich passt sie gar nicht in dieses Schema, da das Risiko hoch, das tatsächliche weltweite Anlagevolumen aber sehr gering ist.

Liquidität bedeutet: Geld ist auf dem Gesamtmarkt – also nicht unbedingt für jeden Einzelnen von uns – förmlich im Überfluss vorhanden, die Zinsen sind niedrig, und so fließt auch mehr Kapital in riskante Vermögenswerte. Weniger unsicher sind Anlagen in Rohstoffe wie Öl, Anteile an nicht börsennotierten Unternehmen und Immobilien. Doch gerade auch sie sind von hoher Liquidität und guter Stimmung im Finanzsystem abhängig. Als mittelprächtig gelten laut Exter Unternehmensanleihen und Aktien. Auch diese Anlageobjekte entwickeln sich am besten bei guter Liquidität und Stimmung. Sie sind aber weniger riskant.

Beim nächsten Kandidaten werden Sie sich vielleicht wundern: Doch im Vergleich ist Papiergeld erstaunlich sicher. Denn sofern Sie es im Portemonnaie, unter der Matratze oder im Tresor haben, sind Sie nicht von der Zahlungsfähigkeit des Staates oder des Bankensystems abhängig. Erst wenn das Vertrauen der Marktteilnehmer in die Währung selbst schwindet, entwickelt sich Inflation, womit Papiergeld nicht mehr sicher ist.

Wenig überraschend: Ganz unten in John Exters Vermögenspyramide steht Gold. Es gilt als langfristig wertstabil, selbst wenn Schwankungen passieren können. Auch hier möchte ich an die Faktoren von Exter erinnern: Kommt es zu Krisen bei Staat und Währung, verschlechtert sich also die Stimmung, profitiert Gold und zeigt, wie stark es gegen böse Überraschungen aller Art gefeit ist und Ihr Vermögen sichert. Dass das weltweite Handelsvolumen vorher eher gering war, spielt in dem Moment genau jenen in die Hände, die über Gold verfügen.

Die sicherste Anlageform auf diesem Planeten

Während ich dieses Buch schreibe, hat der Euro gegenüber dem Dollar an Stärke gewonnen. Und auch die Milliardenhilfen im Zuge von Corona und die gewaltige Ausweitung der Geldmenge generell haben noch nicht zu einer Inflation geführt. Die Lage ist also – vermeintlich – komfortabel. Warum wachsen trotzdem die Zweifel am Papiergeld und am Euro? Einige Gründe dafür habe ich beschrieben. Diese und andere seien hier noch mal zusammengefasst:

- Dass es noch nicht zu einer Inflation gekommen ist, sollte uns nicht beruhigen. Denn ich habe oben bereits dargestellt, dass die offiziellen 0,5 Prozent deutlich von der tatsächlichen Höhe abweichen. Und selbst in Hinblick auf die »herkömmliche Inflation« geht es nach Ansicht vieler Experten nur um die Frage, in welcher Form und wann sie kommen wird. Denn die EZB hat die Geldmenge in atemberaubendem Maße vermehrt. Zum Großteil wird sie aber nur gehortet; auch weil den meisten Menschen in der Corona-Zeit die Gelegenheit zum Ausgeben fehlte – was ja auf der anderen Seite gerade das Problem von Lokalen, Hotels oder Konzertveranstaltern war, von denen wiederum viele in die Insolvenz gegangen sind. Wenn das Geld dann aber (später) nicht auf entsprechende Produkte und Dienstleistungen trifft, die man sich davon kaufen kann, steigen die Preise – so wie es gerade auch bei Geldanlagen wie Aktien, Bitcoin oder Immobilien passiert ist, in die ein Teil dieser Geldflut mangels Alternativen geflossen ist.

- Es gibt in der EU viele eigenständige Finanz- und Wirtschaftspolitiken – aber nur eine gemeinsame Geldpolitik, die eben nicht den unterschiedlichen Situationen in den einzelnen Staaten gerecht wird.
- »Kein Mitgliedsland des Euroraumes haftet für die Schulden eines anderen Landes.« So lautete die berühmte No-bailout-Klausel zur Einführung des Euros. Auch wenn formal nicht dagegen verstoßen worden sein mag, gibt es inzwischen eine Reihe von Instrumenten, mit denen Milliardenlasten etwa auf Deutschland abgewälzt worden sind. Die einzelnen Mechanismen hier zu erklären, würde den Rahmen sprengen. Doch manche von ihnen haben wahrlich bizarre Effekte. Wer mag, kann sich etwa einmal über TARGET2 informieren. Mit diesem Interbankenzahlungssystem können die Zentralbanken Mitglieder des Euroraumes die Zahlungsbilanzdefizite ihrer Länder in unbegrenzter Höhe für unbegrenzte Zeit zum Nulltarif finanzieren. Unglaublich, aber wahr.

- Es wurde mehrfach der Grundsatz gebrochen, dass sich die EU nicht selbst verschulden darf: etwa mit dem Europäischen Stabilitätsmechanismus (ESM), der gleich eine eigene Behörde darstellt, oder mit dem Europäischen Finanzstabilisierungsmechanismus (EFSM), mit dem die EU Kredite an Mitgliedsstaaten vergibt, die in Schwierigkeiten geraten sind.
- Im Stabilitäts- und Wachstumspakt verpflichteten sich die Euroländer zu einer soliden Haushaltsführung. Demnach soll das Haushaltsdefizit nur drei Prozent und die Verschuldung nur 60 Prozent des Bruttoinlandsprodukts (BIP) betragen. Auch dieses Ziel wurde nicht erreicht.
- Preisstabilität gilt als vorrangiges Ziel des Eurosystems. Sie wird durch den EZB-Rat folgendermaßen definiert: »Beim Streben nach Preisstabilität zielt der EZB-Rat mit seinen geldpolitischen Maßnahmen konkret darauf ab, die Inflationsrate mittelfristig unter, aber nahe zwei Prozent zu halten.«[57] Glücklicherweise liegt die aktuelle Inflation nahe null. Und Inflation kennen auch fast alle anderen Währungen, und zwar in ganz anderen Dimensionen. Dennoch sollte man sich immer wieder vergegenwärtigen und durchrechnen, was auch nur zwei Prozent Geldentwertung bedeuten: Aus 100 Euro erwächst in 20 Jahren ein Kaufkraftverlust von rund 35 Euro! Dieses Defizit müssen Geldanlagen und Investitionen überhaupt erst einmal wettmachen. Dieser schleichende Enteignungsprozess ist vielen Menschen nicht bewusst. »Zwei Prozent« klingt ja auch nicht viel, hat aber langfristig dramatische Auswirkungen.

Doch wie sollten Anleger in diesen Tagen vorgehen? Und gibt es sie überhaupt, die wirklich sichere Anlageform? Auch etablierte und vermeintlich seriöse Großbanken können von heute auf morgen in eine ernste Schieflage geraten. Das wissen wir spätestens seit der Finanzkrise im Jahr 2008. Leichtfertige Investments, fehlende Bonität oder schlichtweg die falschen Kreditkonzepte – angesichts des schwankenden Wirtschaftsgefüges in Europa und weltweit ist heute vermutlich kaum noch eine Bank vor drohendem Ungemach gefeit. Das Damoklesschwert von Pleite und Konkurs scheint allgegenwärtig. Für Sparer und Investoren bedeutet dies vor allem eines: Unsicherheit. So ist der Wunsch nach einer möglichst bankenunabhängigen, zugleich aber gefahrlosen Anlageform verständlich. Längst hat sich jedoch abgezeichnet, dass ein zu tiefes Vertrauen in staatliche Zusagen oder gar in die Leistungsfähigkeit der EZB möglicherweise schnell zu einer Geschichte ohne Happy End werden kann. Doch leider nimmt die breite Öffentlichkeit nach wie vor an, dass Staatsanleihen von Staaten mit hoher Bonität die höchste Sicherheit darstellen würden. In Wahrheit wird diese Bonitätsbewertung jedoch von privaten Agenturen (sogenannten Ratingagenturen) festgelegt. Eine Tatsache, die fatale Folgen haben kann.

Denn viel zu schnell ist vergessen worden, dass es US-Ratingagenturen waren, die angeblich lukrative, in Wirklichkeit aber praktisch wertlose Hypotheken mit hervorragenden Werten benotet hatten. Selbst kurz vor der Pleite von Lehman Brothers sahen sich Ratingagenturen noch veranlasst, das Bankhaus mit einem großartigen A-Rating auszuzeichnen. Es folgten gerichtliche Klagen entrüsteter Anleger. Doch offenbar scheint dies in den Köpfen vieler Investoren längst vergessen zu sein. Sehr schnell wurde den »AAAs« der Agenturen wieder blind vertraut. Nur: Echte Sicherheit ist damit kaum verbunden.

Die allseits angepriesenen Geldanlagen wie Pfandbriefe, Staatsanleihen oder auch die guten alten Einlagen auf Sparbüchern gelten für viele als Inbegriff sicherer Investmentformen – lassen wir an dieser Stelle einmal die magere Verzinsung außen vor. Doch weit gefehlt. Würde man auf der Straße Passanten nach einer treffenden Definition des Begriffs »Sicherheit«

fragen, erhielte man vermutlich die Aussage: »Sicherheit ist etwas, was Bestand hat. Etwas, worauf man sich verlassen kann.« Und in finanzieller Hinsicht würde die Antwort wohl lauten: »Sicherheit ist, wenn mein Geld nicht verloren geht.« Leider erfüllt keines der vorgenannten Finanzprodukte diesen Aspekt. Denn Pfandbriefe und Staatsanleihen hängen immer von der wirtschaftlichen Kraft des ausgebenden Landes ab. Und selbst der auf dem Giro- oder Tagesgeldkonto ausgewiesene Saldo – gleich welcher Höhe – ist nichts anderes als Buchgeld, wie bereits erwähnt. Im Falle eines Bankencrashs wären nämlich die angeblich so sicheren Geldinstitute in Deutschland nicht in der Lage, die Auszahlungswünsche ihrer Kunden auch nur ansatzweise zu erfüllen. Dazu existiert gar nicht genug Bargeld. Und auch die vollmundigen Versprechen eines »Einlagensicherungsfonds« sind das Papier nicht wert, auf dem sie einst festgeschrieben wurden.

Vor diesem Hintergrund taucht sie wieder auf – die Frage nach einer sicheren Anlageform. Existiert sie wirklich? Gibt es eine Möglichkeit, eigenes Vermögen dauerhaft, langfristig und dennoch mit einfachen Mitteln zu sichern? Die Antwort ist ein klares Ja! Denn seit mindestens 5.000 Jahren existiert eine Anlageform, die durch alle Krisen, Währungsreformen und Inflationszeiten hindurch ihren Wert behalten und ausgebaut hat. Die Rede ist vom Gold. Unabhängig von aktuellen Staatsformen, wirtschaftlichen Gegebenheiten und den Entscheidungen von Kämmerern, Finanzministern und Notenbanken hat Gold stets seinen Weg gemacht. Sich immer in ruhigen Fahrwassern bewegend, ist das wertvolle Edelmetall niemals selbst in eine brenzlige Situation geraten. Wie sollte es auch? Denn niemand kann die weltweiten Goldvorkommen künstlich vermehren. Während sich Bargeld beliebig nachdrucken und Währungen generell digital verzigfachen lassen, bleibt der Bestand an Gold immer gleich. Reichsmark, Rentenmark, Mark der DDR – wo sind sie geblieben? Wer vor 50, 100 oder 500 Jahren Gold besaß und behalten hat, dessen Nachkommen können es heute noch immer problemlos zu Geld machen. Ein auf eine alte Währung lautendes Sparbuch hingegen wäre nur noch Makulatur oder etwas für den Flohmarkt. Gold hingegen kann nicht pleitegehen. Es hat einen natürlichen Inflationsschutz, ist unabhängig von Staatswesen und Währungen und kann daher als die wohl sicherste Anlageform auf diesem Planeten bezeichnet werden. Und um zu den Bemerkungen am Anfang dieses Abschnitts zurückzukommen: Es ist kein Wunder, dass der Goldpreis gerade in den vergangenen anderthalb Jahren so stark gestiegen ist. Denn er wird genährt durch das Misstrauen und die Zweifel an der Stabilität des Papiergeldes und des Euros.

2.

Sicherheitsanker Gold

Ein magisches Element: Geschichte, Reputation und Eigenschaften

Es betört seit Jahrtausenden – und seine vielfältigen Eigenschaften und Funktionen sind wirklich zum Wundern. Gold ist Edelmetall und Ressource, Schmuck und Gebrauchsgegenstand, ja leider auch Objekt spektakulärer Diebstähle; es ist historisches Zahlungsmittel und Stabilitätsanker von Währungen. Gold fasziniert und begeistert, je nach Lebensphase, Interesse und auch Kulturkreis – egal ob man einen goldenen Ehering trägt, sich vom Blattgold im Opernhaus begeistern lässt oder in den eigenen Goldzähnen ein Statussymbol sieht.

Selbst das meist nüchterne Nachrichtenmagazin *Der Spiegel* ist von dem Stoff eingenommen, »der einst im Weltall geboren wurde und für den sich Menschen paradoxerweise immer dann besonders interessieren, wenn es der Menschheit gerade nicht so gut geht«. Anlässlich der Kursrallye von Anfang 2020 berichtete das sonst so subjektive Blatt konsequent faktenorientiert: »Gold altert nicht, rostet nicht, läuft nicht an, übersteht schadlos Jahrhunderte versunken im Ozean und ist obendrein ein sehr guter elektrischer Leiter.«[58] Allerdings sollte man auch die Schattenseiten nicht verschweigen. In der Tat entfacht Gold seit Jahrtausenden nicht nur die Fantasie, sondern auch kriminelle Energie; etwa von arabischen Clans, die für den Diebstahl der 100-Kilo-Goldmünze »Big Maple Leaf« im Wert von 3,75 Millionen Euro im Jahr 2017 aus dem Berliner Bode-Museum verantwortlich sind.[59] Seinetwegen wurden Kontinente entdeckt und erobert: Die Suche nach dem Eldorado, dem sagenhaften Goldland, hat zur Unterwerfung eines kompletten Erdteils geführt und den lateinamerikanischen Ureinwohnern millionenfaches Leid gebracht.

Indes sind die generellen Vorteile als Wertspeicher gewaltig. Gold ist immer schon Zahlungsmittel oder Anker für bestehende Währungen gewesen – mit Ausnahme nur der vergangenen 40 Jahre. Der grundsätzliche innere Wert von Gold ist seit mehr als zwei Jahrtausenden gegeben. Und auch wer Gold nicht im Anlageportfolio hat, kann sich seinen Eigenschaften nicht entziehen: Für die meisten von uns ist Gold einfach nur schön und praktisch, werthaltig und wertvoll; es hat Krisen, Verwerfungen und Diktaturen überdauert, Ehepaare vorm Traualtar verbunden oder einfach nur dafür gesorgt, dass seine Inhaber angesichts von Bankenkrisen, Inflation und Aktienkursschwankungen ruhiger schlafen konnten. Die Einsatzgebiete von Gold sind wahrlich vielseitig: Wir finden es in Kronleuchtern und im Danziger Goldwasser, in dem echte Blattgoldflocken schwimmen. Und dieser Schnaps lässt sich auch deswegen so gut verdauen, weil Gold unlöslich und nicht giftig ist. Doch neben der Verträglichkeit im menschlichen Körper hat Gold weitere ganz praktische Merkmale, die auch *Der Spiegel* herausstellte: Das chemische Element mit der Ordnungszahl 79 lässt sich sehr gut mechanisch bearbeiten und rostet nicht. Anders als bei Silber ist sein Glanz beständig.

Beständigkeit schätzen auch Investoren. Für sie ist zudem besonders attraktiv, dass die Menge an Gold endlich ist. Gold kann nicht hergestellt und nachgemacht werden. Gold hat Eingang gefunden in die Religion, in die Mythologie, in Sprichwörter, in unsere Kultur – und in berühmte Spielfilme: 1964 wollte der Bösewicht Goldfinger im dritten und gleichnamigen James-Bond-Streifen Fort Knox verstrahlen, damit der Wert seines eigenen Goldbestandes steigt.

Ganz irdisch und real hat der Goldkurs nun seit einem guten Jahr wieder zu Höhenflügen angesetzt. Hatten viele Marktbeobachter das Edelmetall nach 2012 offenbar bereits abgeschrieben, hat es längst seine Wiederauferstehung und mit 2.063 Dollar pro Unze (31,1 Gramm) im Jahr 2020 sein Allzeithoch gefeiert – mit einem Plus von 40 Prozent gegenüber dem Tiefststand zu Beginn des Jahres. Verantwortlich dafür ist nicht nur die Coronakrise.

Praktische Anwendungen

Es ist nicht alles Gold, was glänzt: Olympische Goldmedaillen bestehen tatsächlich zu 92,5 Prozent aus reinem Silber. Sie wogen 2016 in Rio de Janeiro zwar 500 Gramm, enthielten aber nur ein Prozent Gold. Auf der anderen Seite ist der ideelle Wert einer olympischen Goldmedaille wahrlich nicht einmal mit Gold aufzuwiegen.

Gold ist spätestens seit den jüngsten Preissteigerungen – mit Rekordwerten in Dollar und Euro – auch als Anlageobjekt wieder in aller Munde. Doch das größte Einsatzgebiet von Gold ist Schmuck – und zwar mit einem höheren Goldanteil als bei Olympiamedaillen. Etwa die Hälfte des am Markt erhältlichen Goldes landet in Ringen, Armbändern und Ketten, und davon wiederum wird allein die Hälfte in Indien und China gehandelt.

Rund ein Drittel eines durchschnittlichen Jahreshandels wird von Investoren erworben, neun Prozent werden in der Industrie und Medizin verwendet, vor allem für Zahngold. Gerade der übliche Hauptnachfrager, die Schmuckindustrie, fiel ausgerechnet im Boomjahr 2020 aus. Anleger investierten zwar wie verrückt in Gold, doch weniger in seiner Ausprägung als Luxusgegenstand – zumal in Indien millionenfach Hochzeiten ausfielen, bei denen Gold traditionell ein wichtiges Geschenk darstellt. In den ersten neun Monaten brach denn auch der Markt in Indien und China um sagenhafte 57 und 43 Prozent ein.[60]

Insgesamt ist die industrielle Anwendung aber – anders als bei anderen Edelmetallen, zu denen ich noch kommen werde – begrenzt. Auch wenn Gold in vielen elektronischen Geräten vorkommt, sind die jeweiligen Mengen winzig, etwa 30 Milligramm bei einem Smartphone. Gold steht aber auch für den Lebensmittelzusatzstoff E 175: Als Blattgold oder Blattgoldflocken werden so Speisen vergoldet, Süßwaren überzogen, Pralinen verziert oder Schnaps wie das erwähnte Danziger Goldwasser veredelt. Denn Gold ist ungiftig, reichert sich im Körper nicht an, da es unlöslich ist, und wird wieder ausgeschieden. Blattgold wird dermaßen dünn gewalzt und geschlagen, dass man mit 1 Gramm einen halben Quadratmeter Fläche überziehen kann.

Die Einsatzgebiete sind also äußerst vielfältig. Auch wegen seiner bestechenden Eigenschaften – es leitet Strom, rostet nicht und ist extrem formbar – ist Gold aus unserem modernen Leben nicht mehr wegzudenken. Heutzutage findet Gold Verwendung in der Elektronik, Telekommunikation und IT, Optik und Medizintechnik: bei Mikrochips, der Beschichtung von Materialien, in der Zahnmedizin, der Fotovoltaik, bei Batterien und Festplatten, als Supraleiter, bei Katalysatoren und Brennstoffzellen, in der Nanotechnologie, bei Farben und Lacken,

Plasmabildschirmen und der Drucktechnik. Doch die überaus notwendigen und vielfältigen industriellen Anwendungen bringen es auf kein großartiges Volumen. Am Ende ist Gold vor allem ein Wertaufbewahrungsmittel. Das gilt gerade auch für Gold in der Form von Schmuck, der nur deswegen eine so große Bedeutung hat, weil man weiß, dass er von großem Wert ist.

Goldvorkommen: Für jeden Erdenbürger 25 Gramm Gold

Der Großteil des heute geförderten Goldes stammt aus China, Australien, Russland, den USA und Kanada. China ist mit 420 Tonnen jährlich das größte Herkunftsland – und interessanterweise auch der größte Markt für Schmuck, während die dortige Zentralbank seit Jahren massiv Gold bunkert. Die tiefsten Goldbergwerke der Welt befinden sich in Südafrika. Die Stollen liegen fast 4.000 Meter unter der Erdoberfläche, so dass dort ein Abbau nur bei hohen Goldpreisen wirtschaftlich ist. Jüngster Aufsteiger auf Platz sechs ist Indonesien mit geschätzten 160 Tonnen pro Jahr. Das Land beheimatet mit der Grasberg-Mine das größte Goldbergwerk der Welt. Aber auch fast alle europäischen Flüsse führen Spuren von Gold mit sich. Es war zuvor in Gestein eingelagert und ist durch Verwitterungsprozesse frei geworden. Dazu gehört auch das berühmte Rheingold, das sogar kommerziell in einem deutschen Kiesbergwerk gewonnen wird. Die Lagerstätten in Europa sind aber im weltweiten Maßstab unbedeutend.

Dabei wurden in der Geschichte der Menschheit laut World Gold Council gerade einmal knapp 200.000 Tonnen gefördert, zwei Drittel davon seit 1950[61]. Ein Würfel mit je 21,70 Meter Seitenfläche aus all diesem Gold würde in einer mittelgroßen Halle Platz finden. Für jeden Weltbürger ergäben dies immerhin 25 Gramm – mit einem Gegenwert von rund 1.250 Euro. Die bekannten Reserven liegen übrigens bei »nur noch« 56.000 Tonnen, so das World Gold Council. Jedes Jahr werden ca. 3.500 Tonnen abgebaut, zwei Drittel davon aus Goldminen[62]. Es gibt zwar noch mehr Gold und vor allem unbekannte oder schwer erschließbare Lagerstätten. Aber es zeigt, dass die Ressourcen begrenzt sind. Bei gleichbleibender Förderung wären die Vorkommen in rund 15 Jahren erschöpft. Das nennt man auch »geologische Reichweite«.

So weit die Theorie. Praktisch werden die Ressourcenschätzungen immer wieder angepasst. Zwar gab es in den vergangenen Jahren keine großen Goldentdeckungen mehr. Es wird aber noch viele Jahrzehnte lang Gold gefördert werden. Wenn man davon ausgeht, dass der Goldpreis bei einer zunehmend knapper werdenden Ressource steigt, können die Bergbaubetriebe auch schwieriger zugängliche Lagerstätten ausbeuten und die Goldsuche verstärken.

Was macht Gold so besonders?

In den unterschiedlichen Kulturkreisen haben zunächst verschiedene Waren die Funktion des Geldes übernommen, und zwar jene, die sich in den Augen der Menschen unter allen verfügbaren Waren am besten als Geld eigneten: Kabeljau in Island, Federn in Mexiko, Tabak in Virginia, Zucker auf den Karibischen Inseln, Datteln in Oasen, Zigaretten in Gefängnissen – und Edelmetalle weltweit. Die Internationalisierung der Handelsströme löste nämlich unter den zahlreichen Tauschmitteln einen Wettbewerb um die Gunst der Marktteilnehmer aus, den die beiden Edelmetalle Silber und Gold für sich entschieden. Deswegen standen Währungsbezeichnungen wie »Dollar«, »Pfund« und »Mark« ursprünglich für eine bestimmte Menge Gold oder Silber mit einem festgeschriebenen Feingehalt. So entsprachen Mitte des 19. Jahrhunderts 20 US-Dollar einer Feinunze Gold und eine Kölner Mark 233,856 Gramm Silber. Aufgrund der langen Vorgeschichte ist der gehortete Bestand an Edelmetallen sehr hoch im Vergleich zur jährlichen Fördermenge. Veränderungen der Förderung wirken sich hier im Gegensatz zu anderen Gütern kaum aus. Denken wir etwa an Öl, wo die Fördermenge das zentrale Preisregulierungselement ist. Wir kaufen Gold, weil:

- es die einzige Form von Geld darstellt, die den Lauf der Geschichte überlebt hat, und
- seit 5.000 Jahren als Geld und Tauschmittel fungiert, da es ein Garant für stabile Kaufkraft ist.
- Es steht in keinem Verbindlichkeitsverhältnis, so wie Kreditgeld.
- Es ist rar und knapp und kann nicht nachgedruckt oder vervielfältigt werden, wie Zeichengeld.

Gold und Silber sind und bleiben die solideste Währungseinheit, wenn es darum geht, den Wert eines Vermögens von heute nach morgen und über Generationen hinweg zu übertragen.

Gold hat in den vergangenen Jahrtausenden immer wieder bewiesen, dass es vor Inflation und Deflation schützt und langfristig ein viel sichereres Wertaufbewahrungsmittel ist als ungedecktes Papiergeld. Allen Wirtschaftskrisen, Kriegen und Währungsreformen zum Trotz. Doch auch Gold kann im Preis fallen. Nach den Höchstständen während der Coronapandemie sackte der Kurs kurz nach der Ankündigung, es seien Impfstoffe gefunden worden, wieder ab. Das zeigt aber gerade seine wichtige Rolle in Krisen. Ohnehin bleibt sein innerer Wert immer konstant, auch wenn die Schwankungen des Goldkurses heftig ausfallen können. Wir sollten auch nicht vergessen, dass der Staat jederzeit in den Goldmarkt eingreifen kann: Im vergangenen Jahrhundert gab es Phasen, in denen Privatpersonen in den USA kein Gold besitzen durften; sie mussten es abliefern – zu einem von der Regierung festgesetzten Preis. Deshalb sollte Gold als Absicherung niemals allein gekauft werden, sondern auch auf andere Edelmetalle wie Silber, Platin und Palladium gesetzt werden. Daneben kommt es auf die Lagerung an, wenn staatliche Repressalien drohen. Denn ein solches Goldbesitzverbot ist auch in der heutigen Zeit wieder denkbar.

Die Gefahr einer Inflation ist aufgrund der Flut an billigem Geld leider sehr real. Doch hat sich die Mehrheit der Deutschen nicht ausreichend gegen die Risiken des Finanzsystems und gegen die Folgen der ultralockeren Geldpolitik der Notenbanken abgesichert. In diesem Fall ist die Kaufkraft der Ersparnisse zu einem erheblichen Teil gefährdet, weil der durchschnittliche deutsche Sparer meist nicht auf Sachwerte setzt, sondern den bequemen Geldwerten seine Aufmerksamkeit widmet. Ein Blick in die Geschichtsbücher beantwortet indes rasch die Frage, ob Geldwerte ihr Geld wert sind. Diese Anlageformen eignen sich sicher im aktuellen Kapitalmarktumfeld mit niedrigen Zinsen und hohen Verschuldungsgraden nicht, dauerhaft den Wert der Ersparnisse zu erhalten.

Der sichere Hafen

Kurzfristige Profite sind wahrlich nicht das Motiv der meisten Goldkäufer. Für die meisten deutschen Goldanleger ist Sicherheit wichtiger als Rendite. Wie der Hanauer Edelmetallhändler Heraeus im Juli 2020 in einer Umfrage unter 1.700 Frauen und Männern herausgefunden hat, steht Gold bei zwei Dritteln der Befragten für Werterhalt: »Knapp 63 Prozent sehen in dem Edelmetall einen ›sicheren Hafen‹ in turbulenten Corona-

Zeiten. Knapp die Hälfte schätzt Gold als Inflationsschutz angesichts milliardenschwerer Konjunkturpakete in Europa und den USA.«[63]

Der Goldkurs hob im Jahr 2020 in neue Sphären ab. Ausgedrückt in seiner offiziellen Währung US-Dollar stand das Edelmetall sieben Jahre lang nicht mehr so gut da wie 2020. Binnen drei Monaten kletterte der Kurs um 250 Dollar. Wer sich in sicheren und stabilen Vor-Corona-Zeiten im Jahr 2019 mit Gold eingedeckt hatte, konnte sich über eine schöne Rendite freuen – sofern er oder sie verkaufen wollte.

2019 setzten sich auch diverse Bestsellerautoren als Crashpropheten in Szene. Sie veröffentlichten Untergangsszenarien und genaue Checklisten für den Ernstfall – mit Gold als zentralem Anker. Die Bücher und deren Social-Media-Vermarktung waren dermaßen populär, dass die Kunden scharenweise zu den Goldhandelshäusern liefen. Ein weiterer Einflussfaktor war die Bundesregierung: Sie verschärfte Ende 2019 die Vorschrift beim Goldkauf mit Bargeld. Seit Januar 2020 muss man sich schon bei Tafelgeschäften ab 2.000 Euro ausweisen statt erst bei 10.000. Ein anonymer Golderwerb – ein wesentlicher Wunsch bei den Käufern – war also nicht mehr möglich. Damit befeuerte die Regierung Ende 2019 die ohnehin schon hohe Nachfrage. Regelrechte Kaufpanik brach aus – mit ein Beleg dafür, wie sehr die Deutschen ihrem Staat und dem Euro misstrauen. Denn der Zustand der Gemeinschaftswährung hat sich keineswegs gebessert. Mehr noch: Corona erneuert die fatalen Abhängigkeitsverhältnisse und Verschuldungen, in denen sich die so verschiedenen Euro-Volkswirtschaften befinden. Mentalitäten und Ausgabedisziplin sind einfach zu unterschiedlich für eine einzige Währung. Kein Wunder, dass viele die Flucht aus dem Euro suchen, bevor es kracht. Auch der bereits erwähnte Jürgen Stark, ehemaliger Chefvolkswirt der EZB, bekennt: »Was aber ein Misstrauensvotum gerade mit Blick auf künftige Inflationsrisiken sein könnte, ist die Entwicklung des Goldpreises in den vergangenen Jahren.«[64]

Die Schlangen vor den Goldhandelshäusern bedeuteten ein regelrechtes Hamstern, als sei es ein Vorbote von Corona. Eine Abstimmung mit den Füßen, die ein weiteres Mal zum Einsatz kamen, als mancher das Gold schließlich im heimischen Garten vergrub. Ein Großteil der Käufer dachte vermutlich ganz allgemein an einen kommenden Crash des Euros, der Gesamtwirtschaft oder gar des Immobilienmarkts und wollte sein Geld absichern. Eine lukrative Geldanlage und Wertsteigerungen waren in der Regel nicht das Ziel. Das Investment sollte einzig das Vermögen erhalten. Sollte der Goldpreis dann noch steigen, umso besser. Aber schließlich hat man davon nur etwas, wenn man seinen Goldschatz wieder ausgräbt – und ausgerechnet gegen eine unbeliebte Fiat-Währung eintauscht. Für die meisten stehen also etwaige Gewinne durch höhere Goldkurse nur auf dem Papier oder liegen besser gesagt unter der Erde.

Bei dem Sturm auf die Goldhändler mag ein gewisses Maß an Massenpsychologie und Emotion mit hineingespielt haben. Doch haben die Käufer mit ihrem Goldkauf aufs richtige Pferd gesetzt. Ein Großteil der Käufer Ende 2019 wollte mit seinen Goldkäufen nicht beim Staat registriert sein für den Fall, dass er auf ihre Goldreserven zugreift. So weit ist der Glaube in unsere Regierung zumindest bei jenen schon gesunken. Gleichzeitig haben sie sich unfreiwillig und ohne es zu wissen auf Corona vorbereitet. Je mehr das Vertrauen in den Staat gesunken ist, desto stärker stieg es in puncto Gold. Die Leute haben sich daran erinnert, dass sich Gold seit Jahrhunderten als Stabilitätsanker bewährt hat – und dies gerade unabhängig von Regierungen. In der Krise stand Gold wieder glänzend da.

Auch 2020 waren die Deutschen in einem wahren Goldrausch: 125 Tonnen kauften sie allein bis zum September. Das ist mehr als die Hälfte dessen, was in ganz Europa über den Ladentisch ging: In Frankreich waren es nur neun Tonnen, in Italien 6,2 und in Spanien lediglich 4,8 Tonnen.[65] Die Deutschen liegen hier traditionell an der Spitze, meist aber nur mit 30 bis 40 Prozent.

Die Ballung verschiedener Faktoren hat die Deutschen im Jahr 2020 zu den Goldhändlern getrieben. Die meisten von ihnen habe ich bereits beschrieben. Das World Gold Council (WGC) hat jedoch eine ausführliche Umfrage zu den Beweggründen durchgeführt, über die die Tageszeitung *Die Welt* exklusiv berichtete. Louise Street, leitende Analystin beim WGC, sieht die Coronapandemie als eine der Hauptursachen. »Die Pandemie hat auch das Vertrauen beschädigt. (...) Die meisten Deutschen gehen inzwischen davon aus, dass es mindestens ein bis zwei Jahre dauern wird, bis der ›Normalzustand‹ wieder erreicht ist«, sagt sie. Allein die Pandemie war ein weltweites Phänomen und hat vor allem in den anderen Ländern wesentlich stärker zugeschlagen – auch wirtschaftlich.

Jeder dritte Deutsche hat zwischen Herbst 2019 und Herbst 2020 Gold als Schmuck, Münzen, Barren oder über einen besicherten Fonds (ETC) gekauft. Nur in China und Indien waren es mehr, was aber besonders mit der Bedeutung von Gold als Schmuck zu tun hat. Auch wenn es klar schien, ist es doch gut, es einmal schwarz auf weiß zu haben: »Zwei Drittel der Deutschen halten Gold für eine gute Absicherung gegen Inflation oder Währungsschwankungen.« Und gerade die Inflation gehört zu den Urängsten der Deutschen, obwohl die Hyperinflation inzwischen fast 100 Jahre zurückliegt. 61 Prozent der Deutschen glauben dagegen, Gold werde seinen Wert nie verlieren. 57 Prozent vertrauen dem Edelmetall mehr als allen Landeswährungen. Hinzu kommen aber auch praktische Erwägungen: Gold ist »greifbar und als Produkt leicht zu verstehen«, sagt Street.[66] Das kann man wahrlich nicht von allen Finanzprodukten behaupten. Daneben sind Goldmünzen, Goldbarren und mit Abstrichen goldbesicherte ETCs auch deshalb so populär, weil sie einfach und in kleinen Mengen erworben werden können.

Doch über die Hälfte der Deutschen besitzt nach wie vor kein Gold. Denn sosehr die Deutschen auf Gold setzen – ob tatsächlich oder nur als grundsätzlicher Plan –, so wollen sie auch sichergehen, dass das Gold echt ist. 26 Prozent hält die Sorge, unechtes oder gefälschtes Gold zu kaufen, vom Golderwerb ab. Diese Angst ist nicht ganz aus der Luft gegriffen. Gerade in Deutschland – eben weil der Markt hier so groß ist – ist es in den vergangenen Jahren immer wieder zu teils spektakulären Betrugsfällen gekommen. Per Direktvertrieb oder über Internetshops wurden viele Anleger mit hohen Renditeversprechen bei Goldinvestments gelockt, oft mit regelrechten Zinsen – die Gold bekanntlich nicht abwirft. Am Ende konnten die Versprechungen nur über ein Schneeballsystem bedient werden, das sich irgendwann totlaufen musste. In einem aktuell vor Gericht anhängigen Fall um ein Unternehmen namens »Pim« sind mehr als 140 Millionen Euro Anlegergelder verschwunden. Man kann es daher nicht oft genug sagen: Für Gold gibt es keine Verzinsung und auch keine Preisgarantie für einen späteren Verkaufszeitpunkt. Gold sollte daher stets bei seriösen Fachhändlern und Banken gekauft werden, und nur in den üblichen Formen wie Münzen oder Barren. Deren Preis – nicht Wert – kann aber immer schwanken.

Ein anderes Problem ist der Umfrage zufolge für viele, dass sie keine Möglichkeit haben, Gold sicher zu lagern. 28 Prozent nennen das als ernst zu nehmende Hürde. Zwar kann das Edelmetall beispielsweise in einem Bankschließfach gelagert werden. Doch das kostet um die 100 Euro im Jahr – selbst bei 10.000 Euro, die in Gold investiert sind, ist das eine Gebühr von immerhin einem Prozent.

Gold als Geldanlage und im Vergleich zu anderen Anlageformen

Dass Gold keine Zinsen bringt, gehört zu den Binsenweisheiten rund ums Edelmetall. Doch auf dem Konto ist es mit dem Ersparten heutzutage ebenso – ganz zu schweigen von größeren Summen, die man der Bank zur Verwahrung übergeben hat. Dort schmälern Minuszinsen das hart verdiente und bereits versteuerte Geld. Aktienmärkte und Immobilien sind da die weitaus bessere Alternative, solange man nicht nur auf ein Pferd setzt.

Vor allem aber gehört Gold in jedes Depot, und zwar gerade wegen der Aufteilung des Vermögens, die ich bereits bei der Drei-Speichen-Regel beschrieben habe. Auch das *Handelsblatt* schrieb jüngst: »Gold lohnt sich in schwierigen Zeiten für Anleger als Beimischung im Depot. Ein Anteil von bis zu zehn Prozent ist sicherlich keine schlechte Entscheidung.«[67] Allerdings sind zehn Prozent das Mindeste. Dabei sah es lange nicht so aus, als ob Gold die breite Anlegermasse noch einmal begeistern würde. Gold hatte ein gutes Jahrzehnt lang – etwa bis Mitte 2019 – förmlich einen Exotenstatus, ja galt regelrecht als Old School. Das beständige Edelmetall kann zwar nicht rosten und es läuft auch nicht an. Doch in den Augen vieler verstaubte es mächtig.

Die öffentliche Meinung, aber auch der Goldpreis selbst haben sich indes längst gedreht. Haben viele Anlageexperten und Vermögensverwalter vor 2019 Gold nur als unbedeutende Beimischung – wenn überhaupt – erwähnt, ist das Comeback beeindruckend. In seiner Heimatwährung Dollar notierte die Feinunze im Jahr 2020 mit 2.063 Dollar auf ihrem höchsten Stand seit Menschengedenken. In Euro, der Währung, in der die meisten Anleger hierzulande denken und investieren, erreichte das Edelmetall ebenfalls 2020 seinen Rekordstand. Ein

Anteil von zehn Prozent sollte daher nur den Ausgangspunkt darstellen – selbst wenn ein günstigerer Einstiegszeitpunkt verpasst wurde.

Die Gründe dafür, zumindest einen gewissen Teil seines Vermögens in einer seit Jahrtausenden erprobten Form anzulegen, sind gewaltig. Ich habe sie bereits erwähnt. Schließlich haben Staaten und Notenbanken Summen in die Märkte gepumpt, die der menschliche Verstand kaum noch fassen kann. Und so warnt auch das *Handelsblatt*: »Doch flaut die Krise erst einmal ab, besteht ein starker Anreiz für die Regierungen, die Inflation anzuheizen, um die Schuldenlast zu verringern. Das wird auf längere Sicht sicher eine Rolle spielen und Anleger in den sicheren Hafen Gold treiben.«[68] Und einen anderen sicheren Hafen gibt es nicht, zumindest keinen sinnvoll funktionierenden. Erinnern wir uns noch mal: Die verrückte Geldpolitik der Notenbanken – übrigens weltweit und bei allen bedeutenden Währungen – hat zu Minuszinsen geführt. Rechnet man die Inflation mit hinein, schmilzt das Vermögen umso mehr; gerade wenn man es in Staatsanleihen anlegt. Dort ist das Geld formell gesehen zwar sicher. Doch die Hafengebühren – um im Bild zu bleiben – machen aus der Investition ein schlechtes Geschäft.

Das Schlimme: »An dieser Situation wird sich über die nächsten Jahre wenig ändern«, stellt das *Handelsblatt* fest. Schließlich solle mit dem vielen Geld die Konjunktur angekurbelt werden. Zwangsläufig wird Gold dadurch attraktiver. Ich und viele namhafte Anlageberater empfehlen angesichts der aktuellen Lage daher Goldquoten von 15 Prozent und mehr. Denn bei hohem gesellschaftspolitischem Risiko – ob real oder nur angenommen – ist das Vermögen in Gold sicher angelegt, um es gegen Inflation und obendrein Crashs abzusichern. Auch dem *Handelsblatt* sind die Turbulenzen und die drohende politische wie wirtschaftliche Unsicherheit nicht geheuer. Das

Wirtschaftsblatt kommt zu einem Schluss, den das World Gold Council nicht besser hätte ausdrücken können: »Da ist es dann gut, Gold als Sicherheit im Depot liegen zu haben, selbst wenn sich der Kurs vorher nicht großartig bewegt hat.«[69]

Die Analysten der Bank of America empfehlen, 4,5 Prozent seines Vermögens in Gold zu stecken. Das ist zwar deutlich weniger, als ich mit 15 Prozent Investoren nahelegen würde – doch wiederum wesentlich mehr, als es dem weltweiten Portfolio-Durchschnitt entspricht. Würde sich der globale Markt daran orientieren, wären Käufe von über 49.000 Tonnen nötig, was dem Zehnfachen der jährlichen Goldproduktion entspräche und fast genau den bekannten Goldvorkommen von 56.000 Tonnen. Wie das die Preise zusätzlich befeuern würde, kann sich jeder ausmalen.

Gold im Vergleich der Anlageklassen und mit anderen Sachwerten

Die hemmungslose Geldschöpfung der Zentralbanken – und zwar schon lange vor Corona – und die damit verbundene Kreditvermehrung haben zu einer Schuldenexplosion geführt, die den Wert des Geldes mittel- oder langfristig vernichten muss. Wenn die Menschen die Entwertung durch Vermehrung des Geldes erkennen, werden sie reagieren und das Geld gegen Sachwerte einzutauschen versuchen. Dadurch wird sich die Umlaufgeschwindigkeit des Geldes erhöhen und den Inflationsprozess immer mehr bis hin zur Hyperinflation beschleunigen.

Die in den letzten Jahren stark gestiegenen Immobilienpreise und der weltweite Boom an den Aktienmärkten sowie der steigende Goldpreis sind sichere Anzeichen dafür, dass kluge Anleger aus dem Geld in Sachwerte flüchten. Eine Entwicklung zeichnet sich bereits heute ab: Die steigende Entwertung des Geldes wird den Goldpreis in immer wertloser werdenden Papiergeldeinheiten weiter steigen lassen. Wenn das Vertrauen der Menschen in das bestehende Geldsystem und die Politik verloren geht, flüchten sie in andere Geld- oder eben Goldanlagen, zumal über allem die Drohkulisse »Bargeldverbot« schwebt.

Sein Vermögensportfolio mit Gold zu ergänzen, das wurde lange als Spleen abgetan – und vor allem als Renditekiller. Denn Gold zahlt keine Zinsen, hieß es lange. Zudem stagnierte der Goldpreis über Jahre oder sank gar. Doch plötzlich, in der Coronakrise, stand Gold wieder glänzend da. Gold ist das zentrale Thema in diesem Buch. Wie aber schneidet das Edelmetall im Vergleich mit anderen Anlageklassen ab, fragen sich Investoren, die nicht nur auf die Eigenschaft »Wertsicherung« schauen. Schließlich kann man einen Euro nur einmal anlegen, zumindest zur selben Zeit. Tagesgeld und Sparbuch lasse ich hier außen vor. Sie kommen wegen der Niedrig- und gar Minuszinsen seit Jahren schon als Geldanlage nicht mehr infrage.

Aktien: Wichtig, aber oft zu teuer

Viele Deutsche setzten auf Aktien oder Aktienfonds. Je nach Unternehmen oder Fondsausrichtung konnte man hier ansehnliche Wertsteigerungen erleben, gepaart mit etwaigen Dividenden. Im März 2020 haben sich die meisten Kursgewinne und Zukunftsaussichten jedoch in Luft aufgelöst. Erholt haben sich danach jene Titel, deren Produkte und Dienstleistungen noch gefragt waren. Aktien von Luftfahrtgesellschaften, Tourismuskonzernen und Industrieunternehmen beispielsweise gehörten nicht dazu. Manche Papiere haben die Kurve bekommen. Andere schnellten nach oben – gerade beflügelt durch die Corona-Umstände. All dies ist absolut nachvollziehbar und entspricht der Natur der Börse. Es zeigt aber auch schonungslos, dass Aktien schlichtweg Unternehmensbeteiligungen sind. Muss die Firma aufgrund – mitunter willkürlicher – behördlicher Anordnungen schließen oder bleiben die Kunden von heute auf morgen weg, bricht auch der Kurs ein. Dieser Mechanismus wird in Schönwetterphasen oft vergessen.

Das Argument der meisten Anlageberater und Vermögensverwalter lautet, dass Aktien in Inflationszeiten mit der Inflation ansteigen und hinter Aktien stets als eigentlicher Sachwert das Unternehmen selbst mit seinen Produktionsanlagen und Vermögenswerten stehe. Beide Argumente sind sicher richtig. Dennoch lohnt sich ein intensiverer Blick auf die Materie. Denn steigende Börsen hängen häufig nicht mit einem nachhaltigen Wachstum des Unternehmenswertes zusammen. Gerade in Inflationszeiten steckt hinter einem Aktienboom die riesige Liquiditätsschwemme aus dem Nichts geschaffener Papiergeldeinheiten. Diese neu geschaffenen Geldmittel suchen oft an der Börse Investitionsmöglichkeiten und lassen dadurch den Kurs von Unternehmensaktien in die Höhe schnellen. Es ist meist nicht die Wertigkeit der Unternehmen und die nachhaltige wirtschaftliche Stärke, die zu den Kurskapriolen an den Börsen führen. Sondern Spekulation und manchmal auch ein staatlicher Eingriff in Form von Subventionen. Die Zeiten, in denen die Börsen Anlagekapital für echte Sachwertinvestitionen bündelten, sind vorbei. Inzwischen sammeln die Unternehmen das meiste Kapital für Spekulationshoffnung ein, ohne Sachwerte dafür zu schaffen – das zeigen auch die teils irrwitzigen Bewertungen von amerikanischen Start-ups, besonders der milliardenschweren »Einhörner«. Dort ist oft der Verlust höher als der Umsatz. Unternehmensanteile werden in diesem Umfeld häufig nur als Spekulationswert gebraucht. Die Geschehnisse zur Jahrtausendwende rund um den Neuen Markt sollten den Anlegern ein mahnendes Beispiel sein. Die Geschichte wiederholt sich nicht, das Verhalten der breiten Masse schon. Aktien sind in den durch die Geldpolitik verzerrten Anlagemärkten mehr oder weniger Spekulationsinstrumente. Der Sachwert der Firmen und sogar deren Gewinnaussichten sind oft zweitrangig.

Mit anderen Worten: Aktien sind als Geldanlage vor allem langfristig unabdingbar. Die Bewertungen jedoch und damit auch der Preis, zu dem man diese Aktien erwirbt, sind in den meisten Fällen völlig aus dem Ruder gelaufen und haben mit dem realen Wert oder den eingefahrenen Gewinnen kaum etwas zu tun. Dies sollte man bei der Auswahl der Papiere und beim Kauf unbedingt beachten.

Immobilien: Mehr Beton als Gold

Immobilien werden gern »Betongold« genannt. Das Kalkül der Wortschöpfer: Sie stehen solide da wie Gold, steigen stetig im Wert und sorgen für regelmäßige Mieteinnahmen. All dies funktioniert, solange diese Mietzahlungen eingehen. Fallen sie weg – weil der Mieter in einer (Corona-)Krise nicht liquide ist –, kann sich das Investment sogar ins Minus drehen. Schließlich laufen auch die Kosten, wie Zinsen, Hausgeld oder Hausmeister, weiter. Gerade wer auf Gewerbeimmobilien gesetzt hat – Büros, Läden, Shoppingcenter oder gar Hotels, ob direkt oder über Fonds –, dürfte je nach Branche während der Coronapandemie herbe Verluste erlitten haben.

Und wer auf Wertsteigerungen spekuliert hat, erlebt wohl ebenfalls böse Überraschungen: Gerade Gewerbeimmobilien – wenn es nicht Lagerhallen für Onlinehändler sind – dürften im Wert deutlich sinken. Geschäfte beispielsweise werden künftig wegen des noch stärkeren Onlineshopping-Aufschwungs noch weniger gebraucht. Bei Büros wiederum werden wir einen dramatischen Einbruch sehen: Viele Mieter werden pleitegehen oder drastisch sparen müssen. Vor allem aber haben etliche Unternehmen während der Corona-Einschränkungen nun entdeckt, wie gut ihre Angestellten von zu Hause aus arbeiten können. Die entsprechende Bürofläche werden sie künftig nicht mehr anmieten. Beratungsunternehmen wie die Berliner Eurocres Consulting gehen von einem »Bürosterben« von 20 Prozent aus.[70] Das wäre rechnerisch gesehen die gesamte Bürofläche Bayerns.

Immobilien sind eine Anlageform, die sich in Form von Mieten oder Pachten rentiert. Doch die stark gestiegenen Immobilienpreise deuten aktuell eher auf eine Fluchtbewegung von Anlegern in Immobilien als auf eine Renditeorientierung der Anleger hin. Denn überteuerte Immobilien erschweren in den kommenden Jahren das Erzielen einer hohen Rendite. Außerdem sollte der Immobilienanleger stets damit rechnen, dass die Politik neben Mietpreisdeckeln wie aktuell in Berlin auch den Lastenausgleich wieder einführt oder mit anderen Restriktionen Immobilienbesitzer de facto enteignet. Sachwertinvestoren sollten sich keiner Illusion hingeben. Auch sie werden nicht ungeschoren aus der kommenden Schuldenkrise herauskommen. Der Staat sitzt meist am längeren Hebel.

Kryptowährungen: Sprunghaft

Parallelen zum schweren, greifbaren Gold weist ausgerechnet ein virtuelles Anlageobjekt auf: Kryptowährungen. Je nach Zahlungssystem konnten Käufer hier teils astronomische Gewinne einfahren. Kryptowährungen werden derzeit von einer euphorischen Anlegergemeinde ähnlich dem Gold als Ersatz- und Fluchtwährung angesehen. So zumindest das Mantra. Genau wie beim Gold sind die großen dezentralen Kryptowährungen – nicht jene, die von Firmen privat zur Unternehmensfinanzierung ausgegeben werden – strikt limitiert. Aktuell ziehen Kryptowährungen ihren Wert ebenfalls stark aus dem Glauben einer großen Gemeinschaft. Anders als bei Gold liegt bei den Kryptowährungen aktuell der Fokus auf Wertsteigerungen, die in den vergangenen Monaten bei Bitcoin atemberaubende Werte annahmen. Die Idee hinter den Kryptowährungen mit ihren Blockchains als Technologie und Verrechnungswerkzeug für Transaktionen ist genial. Hier erfüllen sie nämlich zuallererst ihren Zweck. Ob die Zeit für Kryptowährungen als Zahlungs- und/oder Wertaufbewahrungsmittel bereits gekommen ist, werden die nächsten schwierigen Jahre zeigen. Eine wirkliche Finanzkrise mussten die Kryptowährungen bisher nicht überstehen. Wer auf Kurssteigerungen der Kryptos setzt, muss damit rechnen, dass die Achterbahn auch einmal in die andere Richtung fährt.

Dabei hat zumindest die bekannteste Kryptowährung, Bitcoin, ihren Charme: Sie kann nicht beliebig vermehrt werden. Bei 21 Millionen Einheiten ist Schluss, eine weitere Inflation ausgeschlossen. Auch dies ist eine gewisse Parallele zum Gold, weshalb der Bitcoin mitunter auch als »digitales Gold« bezeichnet wird. Daher setzen immer mehr institutionelle Investoren auf Bitcoin und holen es damit aus der Nerd-Nische. Banken und Hedgefonds nutzen bereits Bitcoin, um sich und ihre Kunden gegen die Folgen der Geldschwemme abzusichern.[71] Erste US-Firmen wie der Software-Anbieter MicroStrategy haben bereits damit begonnen, liquide Mittel in Bitcoin zu deponieren. Schon gibt es die Tendenz, Bitcoins längerfristig zu halten, statt nur zu handeln – und so kaufen auch in Deutschland bereits einige Fondsverwalter Bitcoin-Positionen.[72] Und wem der Kauf von Kryptowährungen über spezielle Apps und Plattformen zu kompliziert ist – Derivate gibt es für diese Sparte ebenfalls schon längst: Die Schweizer Bank Vontobel bietet Zertifikate auf Bitcoin, Bitcoin Cash, Ethereum und einen ganzen Korb verschiedener Kryptowährungen an.

Übrigens hat im Jahr 2020 die Liechtensteiner Fondsgesellschaft Incrementum einen Fonds nur mit Gold und Bitcoin aufgelegt: den »Incrementum Digital & Physical Gold Fund«. Dafür hat sie sogar den Preis für die »interessanteste Innovation« des Fondsanalysten »Scope« erhalten. Incrementum-Partner Mark Valek sagte zu seiner Kreation: »Wir bündeln damit die beiden härtesten Währungen der Welt.«. Ins Feld führt er hierbei, dass sich der Goldbestand jedes Jahr durch die neu geförderte Menge nur minimal erhöht und es bei Bitcoin gar ein absolutes Limit gibt. »Deshalb sind sowohl Gold als auch Bitcoin sehr gut zur Wertaufbewahrung geeignet«, so Valek.[73] Doch die Kräfteverhältnisse sind eindeutig: Der Fonds hat drei Viertel der Gelder in Gold angelegt, den Rest in Bitcoin. Steigt ein Wert im Kurs zu stark und verändert sich damit das Größenverhältnis, wird er kurzerhand verkauft. Auch wenn ich kein Freund von Anlagepapieren auf Goldbasis bin, verfolgt dieser Fonds doch einen originellen Ansatz.

Neben Fondsanbietern sind inzwischen auch andere Investoren und Finanzakteure bei Bitcoin aktiv geworden, teils mit Milliardensummen. Aber mehr noch als jede andere Anlageklasse sind Kryptowährungen reine Glaubenssache. Zumal beispielsweise bei Bitcoin jede real praktikable Nutzungsart fehlt – ausgerechnet, wenn wir an Zahlungsvorgänge denken, das Einzige, wozu Bitcoin gut ist. Ganze sieben Zahlungen pro Sekunde kann das Bitcoin-System weltweit verarbeiten, die Kreditkartenfirma Visa etwa 50.000. Hinzu kommt der exorbitante Stromverbrauch des Bitcoins, der dessen ungeachtet besonders bei jungen Leuten so beliebt ist. Andere bleiben da skeptisch. Hans-Jörg Naumer, Kapitalmarktexperte von Allianz Global Investors, führt den Boom Ende 2020 vor allem auf eine »Kombination von Anlagenotstand, geringer Marktkapitalisierung und schier grenzenloser Fantasie zurück«, wie die Tageszeitung *Die Welt* schrieb: »Während die Negativzinsen auf immer mehr Sparkonten Realität werden und in Anbetracht der EZB-Geldpolitik nicht zu erwarten ist, dass die Politik des billigen Geldes zu einem baldigen Ende kommt, suchen die Anleger verzweifelt nach Anlagemöglichkeiten.«[74]

Ich persönlich halte einen kleinen Anteil am Gesamtportfolio daher für sinnvoll. Wer sich des Risikos bewusst ist, kann durchaus an diesem Trend mitverdienen. Es ist eine interessante alternative Währungsform für die Zukunft.

Zwischenfazit

Geht es nach der reinen Wertsteigerung im Jahr 2020, hatte Bitcoin über alle Anlageklassen hinweg übrigens die Nase vorn. Wer Anfang 2020 100.000 Euro in die Kryptowährung investierte, hatte am Jahresende 355.420 Euro auf seinem Konto, sofern er verkauft hat. Allein im November und Dezember 2020 verdoppelte sich der Bitcoin-Kurs. Silber erreichte im vergangenen Jahr gleich – wenn auch mit großem Abstand – den zweiten Platz mit einer Steigerung um 134,5 Prozent, also auf rund 134.500 Euro. Bei Aktien wiederum kam es darauf an, auf welches Pferd man gesetzt hatte – und ob man bei den Achterbahnfahrten an der Börse die Nerven behalten hat. US-Technologiewerte erzielten hier mit einer Wertsteigerung von 134,2 Prozent den dritten Platz. Zum Vergleich: Mit Gold hatte man den Gegenwert von 113.000 Euro am Jahresende »in der Tasche« – obwohl Gold so sehr im Kurs stieg.[75] Doch einerseits wird dieser Kurs standardmäßig in US-Dollar ausgedrückt und dessen Kurs schwächelte gegenüber dem Euro. Ein starker Euro relativiert daher einen hohen Goldpreis, der zudem zum Jahresende wieder etwas fiel. All dies sind aber Momentaufnahmen, zumal gerade der Preis von Bitcoin wie auch von US-Technologiewerten stark schwankte.

Welches Fazit kann ein Sachwertinvestor nun aus allem ziehen? Hilfe finden wir in der Heuristik. Es ist die Kunst, zu anwendbaren Lösungen zu gelangen, obwohl wir stets mit begrenztem Wissen, unvollständigen Informationen und wenig Zeit Anlageentscheidungen fällen müssen. Denn wenn wir es nicht tun, ist eines ganz sicher: der Wertverlust der angesammelten Ersparnisse und Reserven.

Eine dieser Faustregeln ist: »Investiere nur in das, was du wirklich kennst und verstehst. Finanzielle Bildung ist daher heute eine Schlüsselqualifikation. Eine intensive Beschäftigung mit der Materie und der Austausch mit Experten lohnen sich. Trotz der geschilderten Einschränkungen bei den Nicht-Gold-Anlageformen bleibt meiner Meinung nach eine gemischte Investition in Edelmetalle, Immobilien und ausgewählte, ertragsstarke Aktien alternativlos. Kryptowährungen sind nach wie vor sehr spekulativ. Ergänzt werden kann das Portfolio mit einer Mischung aus verschiedenen Fremdwährungen in Form von Bargeld. Doch ignorieren Sie nicht die auch mit diesen Anlageformen verbundenen Risiken! Jede Investmentklasse hat spezifische Eigenschaften und dazugehörige Anlagemotive, darunter auch regelmäßige Einnahmen. Gold kann nicht alle diese Zwecke abdecken, wird aber gerade in der Krise seiner Funktion als Stabilitätsanker gerecht und sorgt durchaus für ansehnliche Wertsteigerungen. Daher gehört das Edelmetall in jedes Portfolio.

Und bei den meisten Deutschen rennt man mit solchen Ratschlägen offene Türen ein. Nirgendwo sonst ist Gold so begehrt. Ja, das Edelmetall hat längst den Mainstream erreicht, wenn Tageszeitungen in der Vorweihnachtszeit 2020 auf ihren Finanzseiten schreiben: »Kleine Barren für die Enkel. Ein südafrikanischer Krügerrand für die Kinder. Schmuck für die Liebste. Und ein paar Minenaktien oder Fonds fürs Depot: Wer zum Ausklang dieses Coronakrisenjahres nach einem sinnvollen Geschenk sucht, sollte auch Gold in die Überlegungen einbeziehen.«[76]

Andere Edelmetalle: Silber, Platin und Palladium

Gold ist in aller Munde und überragt alle anderen Edelmetalle, selbst das durchaus populäre Silber. Zwar müssen erst einmal viele Anleger überzeugt werden, sich überhaupt Gold zu beschaffen. Dennoch möchte ich hier gleich auch einen Überblick über drei andere Edelmetalle geben, die man auf seine Einkaufsliste setzen könnte.

Silber: Kleiner Bruder des Goldes

Bei langfristigen Finanzkonzepten und Krisenschutz kommt die Sprache schnell auf Gold. Allerdings trauen sich manche Sparer mit begrenztem Budget oft nicht, dafür ihr Geld auszugeben. Die Hemmschwelle erscheint angesichts des relativ hohen und in den Medien thematisierten Preises offenbar unüberwindbar. Damit gerät ein anderes Edelmetall in den Blick, das nicht nur ein ähnliches Krisenschutzpotenzial wie Gold besitzt, sondern auch deutlich unterbewertet ist: Silber. Als günstigstes der gängigen Edelmetalle ist es vor allem für Investoren mit schmalem Geldbeutel interessant – heißt es häufig. Dabei ist dies bei näherem Hinsehen ein recht hohles Argument. Schließlich kann man für jede gegebene Summe Gold oder Silber erwerben. Dennoch spricht einiges auch für Silber, nicht zuletzt die Diversifizierung. Kurz gesagt plädiere ich für Silber und Gold.

Besonders in Zeiten von Wirtschaftskrisen hat sich auch das Silber als kurs- und wertstabil erwiesen, meist in Form von Silberbarren, Silberschmuck oder Silbermünzen. Überhaupt gibt es bei etlichen Aspekten, die ich in diesem Buch über Gold ausführe, erstaunliche Parallelen zum Silber: in puncto Geschichte, Wertanlage, Bedeutung für den Finanzmarkt, Preisbildung – aber auch hinsichtlich der Gier danach und der Motivation, mit Lateinamerika gleich einen ganzen Kontinent zu erobern, um an das Edelmetall zu gelangen. Die Silberminen Perus und Boliviens – die teilweise bis heute betrieben werden – stehen stellvertretend für dieses dunkle Kapitel spanischer Kolonialgeschichte.

Die früher wichtigste Verwendung von Silber war nämlich die Herstellung von Silbermünzen als Zahlungsmittel. Der Münzwert entsprach weitgehend dem Metallwert. Nebenbei: Die Spanier in ihrem Rausch förderten so viel, dass zwischenzeitlich der Silberpreis fiel. In Deutschland waren bis 1871 Silbermünzen vorherrschend. Die Währung war also durch Silber gedeckt. Nach der Reichsgründung 1871 wurde dieser Silber- durch den Goldstandard abgelöst. Jene »Wachablösung« mag sinnbildlich für die generelle Rolle von Silber stehen: Es fristet gegenüber Gold ein Schattendasein. Ja, als »kleiner Bruder des Goldes« werden dem weißen Edelmetall nicht selten einige Nachteile angedichtet, die Investitionen als zweifelhaft erscheinen lassen. So wird mitunter argumentiert, die relativ hohen Kursschwankungen und die Mehrwertsteuerpflicht beim Kauf von physischem Silber würden es für Anleger unattraktiv machen. Allerdings greift diese Denkweise zu kurz. Denn allenfalls spekulative Investoren haben Ungemach durch zwischenzeitlich fallende Preise zu befürchten.

Bei einem Preis von 21 Euro pro Feinunze im Winter 2020/2021 kann auch ein Normalsparer eine beachtliche Menge erwerben und als Krisenschutz vorhalten. Zudem besitzt Silber aufgrund seines relativ günstigen Preises geldähnliche Eigenschaften: Es ist in überschaubaren Werten leicht handelbar. Während bei Gold vor allem Großinvestments und die Nachfrage von Schmuckherstellern eine große Rolle spielen, fließen mehr als 50 Prozent des jährlich am Markt gehandelten Silbers in die Industrie. Vor allem im Elektroniksektor ist Silber stark nachgefragt und wird für viele Bauteile benötigt. Auch moderne Fotovoltaikanlagen sind ohne Silberanteil undenkbar. Daher besteht – anders als bei Gold – ein hoher industrieller Bedarf an diesem Edelmetall. Ein besserer Krisenschutz ist kaum denkbar. Denn ein Silberverbot ist damit anders als beim Gold schwer vorstellbar und durchsetzbar. Schließlich sind in jedem modernen Auto zwei Unzen Silber verbaut. Bei weiterer bisheriger Nutzung von Silber wird der Bestand sogar in 27 Jahren verbraucht sein. Die jährliche globale Minenproduktion liegt bereits bei 820 Millionen Unzen oder etwas mehr als 25.000 Tonnen. Ein weiterer Pluspunkt für Silber.

Ob Silber im Vergleich zum Gold günstig ist oder nicht, wird auch an der sogenannten Gold-Silber-Ratio festgemacht. Ausgangspunkt ist das Verhältnis von Silber zu Gold, wie es sich vom Rohstoff her in der Erdkruste darstellt. Dieses Verhältnis beläuft sich auf 16,5 zu 1. Die Gold-Silber-Ratio geht auf das Jahr 1792 zurück. Damals legten die USA dieses Verhältnis auf 15 zu 1 fest. Anders ausgedrückt: Eine Feinunze Gold hatte einen Wert von 15 Feinunzen Silber. Bereits in den letzten 20 Jahren war die Gold-Silber-Ratio jedoch wesentlich höher und betrug im Durchschnitt 68 zu 1. Derzeit hat sich dieses Verhältnis noch einmal fast verdoppelt und liegt bei etwa 125 (Februar 2021). Das bedeutet: Rein rechnerisch ist Gold 125 Mal mehr wert als Silber. Ein historisches Niveau. Vor diesem Hintergrund wäre Silber massiv unterbewertet, wenn man das zuvor angesprochene Verhältnis zugrunde legt, nämlich welchen jeweiligen Anteil Gold und Silber als Rohstoffvorkommen in der Erdkruste hat.

Der Preis des Silbers wird auf dem offenen Markt bestimmt, und zwar über eine einmal täglich stattfindende digitale Auktion, die an die London Bullion Market Association (LBMA) angebunden ist, wo auch der Goldpreis fixiert wird. Der

LBMA-Silberpreis wird ebenfalls in US-Dollar pro Feinunze (31,1 Gramm) festgelegt. Für den standardisierten Silberhandel an Rohstoffbörsen gilt das Währungskürzel »XAG«.

Nichts spricht gegen Gold. Doch wenn es Anlegern darum geht, sich für Gold oder Silber zu entscheiden, hat das Silber durchaus einige Vorzüge. Dazu zählen derzeit:

- Die massive Unterbewertung (Gold-Silber-Ratio).
- Die deutlich höhere Austauschbarkeit. Sie ist auf den Preis zurückzuführen. Bereits 10 Gramm Gold kosten aktuell knapp 500 Euro, so dass Silber als alternatives Zahlungsmittel in der Praxis deutlich leichter eingesetzt werden könnte.
- Der wesentlich geringere relative Wert.

Wirtschaftliche Bedeutung, Verwendung und Gewinnung

Silber kommt nur noch in einer Mine weltweit in reiner Form vor. Das meiste Silber wird aus Silber- sowie Blei- und Kupfererzen gewonnen. Es ist daher ein Abfallprodukt, auch aus der Goldförderung. Eine immer größere Rolle spielt die Wiederaufbereitung, so dass entsprechend weniger auf natürliche Vorkommen zurückgegriffen werden muss.

Silber wird seit rund 7.000 Jahren vom Menschen verarbeitet. Es war zeitweise wertvoller als Gold, verlor aber nach der Entdeckung Amerikas und dem somit gestiegenen Angebot mehr und mehr an Wert und auch an Bedeutung als Zahlungsmittel (ab 1870). Ab dem 20. Jahrhundert fand Silber vermehrt in der Fotografie und Fotochemie (Silbersalze) Verwendung. Silber besitzt die höchste elektrische Leitfähigkeit aller Metalle, eine hohe Wärmeleitfähigkeit und eine starke optische Reflexionsfähigkeit. Durch ebendiese Eigenschaften hat es die breite industrielle Anwendung erfahren. Heute wird es in der Elektrik und Elektronik, in der Medizin, in der Beschichtungstechnik und zu fast einem Drittel der Jahresförderung zu Anlagezwecken eingesetzt.

Allerdings ist die Nachfrage aus der Industrie schwankend. Hersteller von Solaranlagen haben beispielsweise neue Produktionsverfahren entwickelt, die den Silberverbrauch pro Solarzelle verringerten. Experten erwarten jedoch, dass die Industrienachfrage insgesamt wächst, der Ruf als Wertanker ähnlich Gold ebenfalls wieder wächst und das Interesse der Investoren an dem Edelmetall steigt. »So sagte Hans-Günter Ritter, langjähriger Chefhändler beim Edelmetallspezialisten Heraeus, im Januar 2021 dem *Handelsblatt*: ›Der Silberpreis 2021 dürfte in seiner Entwicklung erneut den Goldpreis übertreffen.‹«[77] Ritter hält einen Preisanstieg auf bis zu 36 Dollar pro Feinunze für möglich. Ned Naylor-Leyland, Fondsmanager und Edelmetallexperte beim Vermögensverwalter Jupiter AM, pflichtet ihm bei: »Es dürfte ein sehr gutes Jahr für Gold und ein extrem gutes für Silber werden.«[78]

Die Investorennachfrage nach Silber hängt – so wie bei Gold – eng mit dem Niveau der Realzinsen zusammen. Und da spricht angesichts der Zentralbankpolitik weltweit nichts dafür, dass sie so bald aus dem negativen Bereich wieder herauskommen. Mehr noch, schreibt das *Handelsblatt*: »Sollten die zusätzlichen Staatsausgaben die Inflationserwartungen anheizen, würde das in Kombination mit künstlich niedrig gehaltenen Nominalzinsen den Realzins noch tiefer ins Minus drücken.«[79] Zu diesem Szenario sagt Heraeus-Experte Ritter: »In einem inflationären Umfeld entwickelt sich Silber üblicherweise besser als Gold.«[80]

Dabei sind allein die Zuflüsse in physisch gedeckte Silber-Indexfonds (ETFs) enorm. Bei diesem Finanzprodukt hinterlegen die Anbieter für jeden verkauften Fondsanteil eine bestimmte Menge Silber in einem Tresor. Und diese Menge ist

2020 »um 40 Prozent gestiegen, von 600 Millionen Unzen auf knapp eine Milliarde Unze«[81]. Dieser enorme Mittelzufluss bei Silber-ETFs konnte nur deshalb vom physischen Markt bedient werden, weil die schwache Silbernachfrage der Jahre davor für große Lagerbestände gesorgt hat. Nun aber wird aufgrund der begrenzten Vorkommen der Silbermarkt sehr knapp. Gleichzeitig belebt sich die industrielle Nachfrage. Auch die wachsende Verbreitung des 5G-Mobilfunkstandards sorgt für einen Schub. Hierbei kommen Silberdrähte und Legierungen bei Halbleitern und zur Abschirmung von elektromagnetischen Störungen in Smartphones und anderen 5G-fähigen Geräten zum Einsatz. Fondsmanager wie Naylor-Leyland setzen daher weltweit auf Silber.

Zwischenfazit: Warum Silber?

1. Die industrielle Nachfrage und die Investmentnachfrage steigen.
2. Zukunftsenergien kommen ohne Silber nicht aus.
3. Breiter Einsatz in der Medizin, Medizintechnik und Elektronik.
4. Keine Bestände in den Tresoren von Zentralbanken.

Wir werden beim Hauptthema »Gold« noch darauf kommen. Prinzipiell sollten Sie reales Silber bevorzugen. Nur so sind Sie gegen künstliche Kurskapriolen – besonders hervorgerufen durch die bereits angesprochenen Turbulenzen an den Terminmärkten – gefeit und besitzen es auch tatsächlich. Allerdings ist es kein Wunder, dass Gold wesentlich prominenter ist als Silber: Aufgrund seiner geringeren Dichte hat Silber ein viermal so großes Volumen wie Gold. Diese Eigenschaft verteuert Transport und Lagerung um genau diesen Faktor vier. Hinzu kommt, dass zumindest in Deutschland die Mehrwertsteuer auf Silber fällig wird. Daher würde ich »Lagersilber« empfehlen, bei dem Transport und Mehrwertsteuer wegfallen. Hier findet die Aufbewahrung in professionellen Hochsicherheitsanlagen oder Zollfreilagern statt, etwa in Zürich. Trotzdem können Sie täglich über Ihr Edelmetall verfügen und es sich ausliefern lassen. Möglicherweise ist Silber in den nächsten Jahren für viele Marktteilnehmer eine Alternative zum Gold. Als kurzfristiges Investment ist es jedoch nur etwas für Spekulanten. Denn die Preisschwankungen und Spreads (Differenz zwischen Einkaufs- und Verkaufspreis) sind sehr hoch. Es eignet sich jedoch hervorragend für den langfristig orientierten Investor.

Silber auf einen Blick

- Jährliche Förderung: 25.500 Tonnen.
- Jahresverbrauch: 29.000 Tonnen.
- Förderung bisher insgesamt: 1,5 Millionen Tonnen.
- Größte Förderer: Mexiko, Peru, China, Polen, Chile, Bolivien, Australien und USA.
- Anlagemittel und -methoden: Anlagebarren, ETFs, Zertifikate und Münzen.

Platin: Das strategische Edelmetall

Das selten anzutreffende, schmiede- und dehnbare Edelmetall wird besonders wegen seiner enormen Korrosionsbeständigkeit in der Industrie geschätzt. Die Liste seiner Einsatzgebiete ist beeindruckend: Es eignet sich für Schmuckwaren, Thermoelemente, Laborgeräte, Widerstandsthermometer, Heizleiter, Katalysatoren, Magnetwerkstoffe, medizinische Implantate, Zahnersatz, Herzschrittmacher, Krebsmedikamente und Spiegel. Platin ist allerdings vor allem in politisch als unsicher geltenden Regionen zu finden und kann daher nicht immer reibungslos abgebaut und in die Industrienationen geliefert werden. Daher wird es auch als ein »strategisches Metall« bezeichnet. Der Anteil von Platin als Kapitalanlage ist nach wie vor sehr gering.

Platin auf einen Blick

- Jährliche Förderung: 200 Tonnen.
- Jahresverbrauch: 230 Tonnen.
- Förderung insgesamt: 2.000 Tonnen.
- Größte Förderer: Mit riesigem Abstand Südafrika (rund 130 Tonnen), dann Russland (rund 21 Tonnen) und Simbabwe (rund 17 Tonnen).[82]
- Anlagemittel und -methoden: ETCs, Zertifikate, Barren und Münzen.

Platin wurde bereits vor 5.000 Jahren von den alten Ägyptern in der Schmuckherstellung verwendet. Der Abbau und die Gewinnung von Platin gestalten sich indes als schwierig: Eine Tonne Gestein liefert gerade einmal 1 Gramm Platin. Es ist damit das seltenste Edelmetall. Und weil es so wertvoll ist, haben Metalldiebe nicht nur in Deutschland Hochkonjunktur. Sie montieren nachts von abgestellten Autos und Kleintransportern komplette Auspuffanlagen ab.

Palladium: Vielseitig und ein unverzichtbarer Werkstoff

Palladium ähnelt in seinem chemischen Verhalten dem Platin sehr. In der Schmuckbranche erfreut sich Palladium aufgrund des geringeren Gewichts allerdings größerer Beliebtheit als Platin. Minenunternehmen gewinnen es meist aus gemeinsamen Vorkommen mit Platin. Darüber hinaus wird Palladium eingesetzt bei der Produktion von Kleinstfolien, der Reinigung von Wasserstoff, der Herstellung von Kontaktwerkstoffen für Kommunikationsanlagen, der Produktion von Zahnimplantaten, der Erzeugung medizinischer Instrumente, der Nutzung als Elektrodenwerkstoff für Zündkerzen – und bei Dieselpartikelfiltern. Auch bei der Nutzung erneuerbarer Energien (Windräder, Hybridautos) ist Palladium ein unverzichtbarer Werkstoff.

Palladium auf einen Blick

- Jährliche Förderung: 220 Tonnen.
- Jahresverbrauch: 220 Tonnen.
- Größte Förderer: Russland, Südafrika und mit Abstand Kanada.
- Anlagemittel und -methoden: Zertifikate, ETCs, Barren und Münzen.

Auch in Rhodium – ein Metall mit Ähnlichkeit zu Platin und Palladium – kann man investieren. Jedoch ist hier ein Investment in physisches Rhodium nicht für jedermann geeignet und sinnvoll, da Rhodium eines der teuersten Edelmetalle ist. Aktuell liegt der Preis für eine Feinunze (31,1 Gramm) bei ca. 25.000 Euro und ist damit 1.160 Mal teurer als eine Feinunze Silber. Hier allerdings eher in Form von ETCs. Innerhalb des Jahres 2020 hat sich deren Wert mehr als verdoppelt, in den vergangenen fünf Jahren ist er gar um den Faktor 16 gestiegen. Allerdings bildet dies nicht eins zu eins den realen Rohstoffpreis ab. ETCs sind vielmehr Terminkontrakte – wie immer auf Dollar-Basis – die zum Bezug einer bestimmten Menge eines Rohstoffs zum terminierten Datum berechtigen. ETCs haben auf dem Rohstoffmarkt ihre Berechtigung.

Sie besitzen aber spezifische Eigenschaften, vor allem in der Kostenstruktur, weshalb ich Privatanlegern von einem Kauf abrate.

3.

Gold: Der Markt und die wichtigsten Akteure

Wie auf den meisten Märkten – zumal solch einem prestigeträchtigen und komplexen, in dem es um so hohe Werte geht – hat sich über die Jahrzehnte, ja Jahrhunderte eine komplexe Struktur herausgebildet. Viele und zum Teil sehr traditionsreiche Akteure mischen hier mit: von Goldminenbetreibern über Scheideanstalten für die rein praktische Herstellung, Händlern und jenen, die den Preis aushandeln, bis hin zu profan erscheinenden Dingen wie Transport und Lagerung. Nicht zu vergessen die großen Nachfrager wie die Zentralbanken. Die wichtigsten Sparten und Mitspieler möchte ich auf den nächsten Seiten vorstellen.

London Bullion Market Association (LBMA): Hier wird der Weltmarktpreis festgelegt

Der innere Wert von Gold hat sich seit Jahrtausenden bewährt. Das wissen auch – nicht zuletzt nach mehreren Inflationen und zwei Weltkriegen – die Deutschen. Sie besitzen laut Steinbeis-Hochschule mit gut 9.000 Tonnen rund 6,5 Prozent der weltweiten Goldbestände, knapp die Hälfte davon als Schmuck. Und jedes Jahr kommen derzeit mehr als 100 Tonnen hinzu, 125 Tonnen allein in den ersten neun Monaten des Jahres 2020. Nur 38 Prozent der Deutschen besitzen allerdings Münzen oder Barren, immerhin zwei Drittel Goldschmuck.

Wo aber wird Gold gehandelt – sehen wir einmal von einschlägigen Geschäften und Onlineplattformen ab – und wo wird der Preis festgelegt? Dabei war fast ein halbes Jahrhundert lang die freie Bildung des Goldpreises eingeschränkt. Schließlich war der Besitz von Gold in den Jahren 1933 bis 1974 in den USA verboten – außer in Form von Schmuck und Goldmünzen, die den Wert von 100 US-Dollar nicht überschritten. Präsident Roosevelt hatte dies verfügt und so war der Preis auf 35 US-Dollar pro Feinunze (31,1 Gramm) festgelegt. Erst 1973 wurde der Goldpreis überhaupt wieder freigegeben. Für den standardisierten Goldhandel an Rohstoffbörsen wurde dann ein eigenes Währungskürzel eingeführt: »XAU«.

Beim Thema Goldpreis und -handel muss man mehrere Dinge unterscheiden: die Festlegung und das Aushandeln des Preises, als Spotmarkt für die sofortige physische Lieferung oder als Future eben für Lieferungen in der Zukunft, und zweitens damit einhergehend den physischen oder eben nur virtuellen Handel mit dem Edelmetall selbst. Für all dies haben sich aufgrund historischer Entwicklungen verschiedene Orte etabliert.

Der grundsätzliche Preis des Goldes wird dabei auf dem offenen Markt bestimmt – seit dem 17. Jahrhundert in London. Zweimal am Tag beteiligt sich heute ein knappes Dutzend internationaler Banken an der Festsetzung des LBMA Gold Price in US-Dollar – jedoch nur noch elektronisch. Über einschlägige Business-Fernsehprogramme kann man den Prozess verfolgen. Das Fixing ist also recht transparent geworden. Anders als in der Vergangenheit, wo es durchaus zu Manipulationen kam. Hierzu schlägt der Vorsitzende einen Preis vor, worauf Käufer und Verkäufer die Goldmengen angeben, die sie zu diesem Preis kaufen oder veräußern wollen. Stimmen diese Mengen überein, gilt der eingangs aufgerufene Preis – zu dem dann alle eingespeisten Kauf- und Verkaufsorders ablaufen –, der sogenannte »Benchmark Price«. Sind die Kauf- und Verkaufsvolumina aber nicht ausgeglichen, wird der Preis herauf- oder heruntergesetzt, je nachdem wie sich Angebot und Nachfrage zueinander verhalten haben.

Das Ergebnis ist ein Spotpreis für den sofortigen Warenaustausch. Die London Bullion Market Association organisiert dabei maßgebliche Teile des physischen Goldhandels: Sie setzt und überprüft die Qualitätsstandards, dokumentiert den Handel, entwickelt Regeln für den ehrbaren Handel und führt die legendäre sogenannte »Good Delivery List«, auf der nur jene Produzenten und Raffinerien/Scheideanstalten zu finden sind, die die hohen Qualitätskriterien erfüllen. Damit wird auch der weltweit gültige Gütemaßstab definiert. Zu den mehr als 140 LBMA-Mitgliedern gehören Zentralbanken, die Gold besitzen, Privatinvestoren, Bergbauunternehmen, Produzenten, Raffinerien, Händler, Betreiber von Goldlagern und Werttransportunternehmen. Zum Handel sind nur Barren von Raffinerien und Münzprägeanstalten zugelassen, die die Qualitätsanforderungen bedienen: Barren müssen mindestens 350 und dürfen höchstens 430 Feinunzen Gold enthalten und sie müssen einen Feingehalt von mindestens 995 Promille aufweisen. Sie müssen zudem eine Seriennummer und den Stempel eines am Londoner Goldmarkt zugelassenen Herstellers oder Edelmetallprüfers (Assayers) tragen.

Der London Bullion Market ist ein – außerbörslicher – Großhandelsmarkt, an dem die Mindestgröße der gehandelten Beträge 1.000 Unzen Gold beträgt. Handelszeit ist Montag bis Freitag von 8:50 Uhr bis 15 Uhr, mit dem Goldfixing um 10:30

Uhr und 15 Uhr Ortszeit. Die LBMA ist also keine Börse. Der Handel findet unabhängig und außerhalb ihrer Räumlichkeiten statt. Im Prinzip betrifft der Preis nur Mitglieder der LBMA – aber de facto beeinflusst er den Weltmarkt und die Börsenplätze.

New York: Bedeutendster Handelsplatz für den virtuellen Handel

Seit 1974 gab es dafür die »New York Commodities Exchange« (COMEX), die 1994 mit der »New York Mercantile Exchange« (NYMEX) verschmolzen ist: heute die weltweit größte Goldbörse, vor allem auch für den Handel mit Gold-Futures. Geht es um den realen Handel mit Gold, ist eine gewisse räumliche Nähe zum Markt naturgemäß sinnvoll. So ist New York überwiegend für den nordamerikanischen Handel bedeutsam und erfüllt wichtige Funktionen für Lateinamerika. Die wichtigsten Handelsplätze in Asien sind die »Tokyo Commodity Exchange« (TOCOM), ebenfalls für Termingeschäfte und Optionen, und Hongkong für den physischen Handel sowie London. In Europa spielt hierfür auch Zürich eine herausragende Rolle.

Auch wenn die Berichterstattung zum Gold sich oft um Inflationsängste, Vermögenssicherung und dadurch folglich um Goldmünzen und Barren als sicheren Hafen dreht, wird die Hälfte allen Goldes wie erwähnt zu Schmuck verarbeitet und entsprechend gehandelt. Der größte Absatzmarkt dafür ist Indien, gefolgt von China. Dabei ist es erstaunlich, dass der Subkontinent mit der »Multi Commodity Exchange of India« (MCX) in Bombay nur den nach Handelsvolumen fünftgrößten Markt hervorgebracht hat. Dort handelt man mit Terminpreisen und auch real.

China übrigens hat in den vergangenen Jahren seine Goldreserven kräftig aufgestockt. Zusammen mit dem großen privaten Schmuckmarkt ist es damit zum größten Goldnachfrager avanciert. Daneben hat das Land eigene Lieferspezifikationen definiert. Viele Experten gehen daher davon aus, dass die Bedeutung Londons als Zentrum des Goldhandels abnehmen und sich das Zentrum nach Shanghai verlagern könnte. Das aber ist noch Zukunftsmusik. Bislang nimmt die »Shanghai Gold Exchange« (SGE) nur den siebten Platz weltweit ein. Nach Meinung der Kommunistischen Partei soll sich dies aber ändern. China möchte auch auf diesem Gebiet den einstigen Platzhirschen den Rang ablaufen.

World Gold Council (WGC): Markt stimulieren und Standards setzen

Der Goldmarkt hat sich in den vergangenen Jahren stark gewandelt und ist viel liberaler geworden. Wesentlich mehr Menschen als früher haben nun Zugang zu Gold und können damit handeln. Verantwortlich für diese Entwicklung und Marktöffnung war maßgeblich auch das World Gold Council, der Gold-Weltverband sozusagen. Es hat viele Initiativen angeschoben, die diesen Wandel vorangetrieben haben, vor allem in China, Indien und im Nahen Osten. Wer aber steckt hinter dieser Organisation und was macht sie?

»Das World Gold Council ist die Marktentwicklungsorganisation für die Goldindustrie.« Ihr Ziel ist es, »die Nachfrage nach Gold zu stimulieren und die globale Autorität auf dem Goldmarkt zu sein«, so die Eigendarstellung.

Das World Gold Council ist eine Marktmacht – und gibt den Mitgliedern eine starke Stimme. Um Gold auch einer breiten Masse von Anlegern nahezubringen, betreibt die Lobbyorganisation auf *gold.org* ihre Unterseite »Gold Hub«. Dort informiert das WGC über aktuelle Trends, handfeste Zahlen und natürlich den aktuellen Goldpreis. Das World Gold Council erstellt

Gold-Richtlinien und prägt Qualitätsstandards der gesamten Branche mit. Vor allem in Zeiten »extremer Unsicherheit und rasanten Wandels« sieht das WGC seine Berechtigung, indem es »Nationen, Investoren und Haushalten weltweit ermöglicht, ihre finanzielle Zukunft zu schützen«, heißt es da. Natürlich stellt besonders auch das World Gold Council die einzigartigen Eigenschaften von Gold als Wertspeicher heraus:

- beständig im Wert,
- hochliquides und dennoch knappes Gut,
- sicherer Hafen in ungewissen Zeiten,
- ein Element der Risikostreuung, das mit keiner anderen Anlageform korreliert,
- eine Absicherung gegen die Abwertung von Fiat-Währungen.

Wer aber sind die Mitglieder des WGC? Eine illustre Runde, wenn auch nicht so bunt gemischt wie jene der London Bullion Market Association. Es sind 26 der weltweit führenden Goldminenunternehmen, die in mehr als 45 Ländern tätig sind. Zum Vergleich: Die LBMA zählt 140 Mitglieder, darunter Zentralbanken, Privatinvestoren, Bergbauunternehmen, Hersteller, Raffinerien, Händler, Betreiber von Goldlagern und Werttransportunternehmen. Auf dem Abbau des Goldes liegt daher der inhaltliche Fokus der praktischen WGC-Arbeit. Dabei reagiert der Verband auch auf Kritik und naheliegende Probleme, etwa in puncto Umweltverschmutzung oder bei sozialen Themen. So wurden die Minenbetreiber nach eigenen Angaben dabei unterstützt, »in potenziell risikoreichen oder von Konflikten betroffenen Gebieten verantwortungsbewusst und transparent zu agieren und ihren bedeutenden Beitrag zur sozialen und wirtschaftlichen Entwicklung nachweisen zu können«.

Das WGC arbeitet über die gesamte Lieferkette hinweg, vom Goldabbau bis zum Verbrauchermarkt. Nicht zufällig ist das WGC denn auch an den bedeutendsten Goldhandelsmärkten der Welt vertreten: in London mit dem Hauptsitz und in New York, gleich zweimal am weltweit größten Goldmarkt in Peking und Shanghai, der dicht gefolgt wird von Indien (Mumbai). Ergänzt wird die starke Präsenz in Asien mit einem sechsten Büro in Singapur.

Durch seine Tätigkeit hat das WGC maßgeblich die Goldnachfrage angetrieben. Dabei ist es an allen Fronten unterwegs und entwickelt auch sogenannte Gold-Backed-Lösungen. Doch solche Derivate bergen das Insolvenzrisiko des Emittenten. Und sollte ein Anleger das Gold einmal benötigen, hat er es nicht in der Hand. Dieser Umstand kann sich gerade in Krisenzeiten – ein zentraler Grund, überhaupt in Gold zu investieren – fatal auswirken. Ich empfehle daher ausschließlich Investitionen in reales Gold, worauf ich später noch kommen werde: ob Barren (je nach Vermögenslage), die bekannten Goldmünzen oder Kleinstbarren von einer Unze (die es aber nur mit hohen Zuschlägen zu kaufen gibt). Aber auch Aktien von Bergbaufirmen, die Gold schürfen, kommen durchaus in Betracht – alles Akteure, die auch im World Gold Council vertreten sind.

Raffinerien und Scheideanstalten

Eine Scheideanstalt, Raffinerie oder auch Affinerie ist ein Spezialbetrieb für die Gewinnung oder Rückgewinnung (Recycling) von Metallen, in unserem Fall von Edelmetallen. Diese werden auch aus Altmaterial zurückgewonnen, also geschieden. Ihre direkte Hauptzielgruppe sind Industrie und Händler, weniger die Endkunden. Der Schwerpunkt der deutschen Raffinerien liegt in Pforzheim, einer Stadt, die berühmt für ihre Schmuckindustrie ist. Der Großteil dieser Unternehmen, die für weit über die Hälfte des produzierten Goldes verantwortlich sind, befindet sich in der Schweiz und dort überwiegend im Tessin.

Hierzu gehört auch die Valcambi SA. Keine andere Goldraffinerie arbeitet mehr Gold auf. Ein Viertel des physisch gehandelten Goldes weltweit ist durch die Schmelzöfen dieses Unternehmens gegangen. Die massiven Einschränkungen der Behörden und Regierungen gerade zu Beginn der Coronapandemie im Frühjahr 2020 sorgten in der Schweiz und damit auf dem Gesamtmarkt für massive Versorgungsengpässe. Glücklicherweise nur kurzfristig.

Im Verarbeitungsprozess von Gold kommt den Scheideanstalten eine besondere Bedeutung zu. Hier wird schließlich das Edelmetall in jene Form gebracht, die die Investoren und Käufer des puren Goldes, also nicht von Schmuck, später in den Händen halten. Bei ihnen entscheidet sich die Qualität und Reinheit und damit auch das Vertrauen der Käufer in die Echtheit. Aus diesem Grund hat die London Bullion Market Association die bereits erwähnte»London Good Delivery List« für Gold und Silber eingeführt, gewissermaßen der globale Goldstandard. Hintergrund ist, dass ein funktionierender und aktiver Markt von Vertrauen lebt und davon, dass die Erzeugnisse unterschiedlicher Hersteller auch tauschbar sind und damit einheitlichen Normen unterliegen. Beim Kauf von Gold sollten Sie also darauf achten, dass das Produkt auch dieser Good Delivery List entspricht, also der Produzent/die Raffinerie auf dieser Liste verzeichnet ist.

Bereits 1750 richtete die Bank of England die London Good Delivery List für Gold ein, auf der die Raffinerien offiziell anerkannt wurden. Heute besitzt und verwaltet die LBMA die Good Delivery List für Gold und für Silber. Die Anforderungen für einen in Good Delivery aufgeführten Barren (von ungefähr 400 Feinunzen für Gold und 1.000 Feinunzen für Silber) umfassen das Gewicht, die Reinheit und das physikalische Erscheinungsbild der Feinunze, einschließlich der korrekten Kennzeichnung und Oberflächenqualität. Raffinerien, die in diesen »Club« aufgenommen werden wollen, müssen ihre Geschichte, ihre finanzielle Leistungsfähigkeit und ihre Fähigkeit, qualitativ hochwertige Barren herzustellen, strengen Prüfungen unterziehen. Die Scheideanstalten verpflichten sich, Metall verantwortungsvoll zu beschaffen, es zu Good-Delivery-Barren zu raffinieren und an zugelassene Tresore in London zu versenden. Erst dann werden die Barren zwischen den einzelnen Institutionen auf dem Markt frei gehandelt.

Auf *lbma.org.uk/good-delivery-list* können Sie sich die Liste der Mitglieder und die dazugehörigen Details der Scheideanstalten anschauen.

Goldhändler

Der Goldhandel ist wie viele Märkte breit gefächert. Es gibt natürlich Platzhirsche und viele kleine und mittlere Händler. Sie haben Ladengeschäfte, sind online tätig oder beides.

Degussa sieht sich als »Europas größten bankenunabhängigen Edelmetallhändler«. Das Unternehmen hat elf nationale Standorte und ist auch in London, Genf, Zürich und Madrid präsent. Mit knapp 160 Mitarbeitern erzielte Degussa im Jahr 2019 einen Kundenumsatz von mehr als zwei Milliarden Euro.

Heraeus Precious Metals, eine Sparte des Technologiekonzerns Heraeus (22 Milliarden Euro Umsatz insgesamt), ist nach eigenen Angaben der weltweit größte Edelmetallverarbeiter und führender Anbieter von Edelmetallen. Heraeus-Goldbarren sind ein beliebtes Produkt, werden aber nicht in eigenen Geschäften, sondern über Banken, Sparkassen und Edelmetallhändler vertrieben – online allerdings auch direkt bei Heraeus.

Pro aurum ist ebenfalls einer der größten Edelmetallhändler im deutschsprachigen Raum mit 100 Mitarbeitern an acht Standorten. Neben dem Verkauf bietet das Unternehmen auch ein Edelmetalldepot, Schließfächer, ein Zollfreilager in der

Schweiz und einen eigenen Fonds. Mit seinem Onlineshop für Gold war es im Jahr 2004 Pionier.

Hinzu kommen etliche, im wahrsten Sinne des Wortes, Einzelhändler. Allein am Berliner Kurfürstendamm und seinen Nebenstraßen sind es ein Dutzend Wettbewerber aller Größenordnungen. Nach einer Umfrage von Heraeus aus dem Sommer 2020 nutzen rund 80 Prozent derjenigen Bundesbürger, die Gold kaufen, das Internet für den Golderwerb.[83]

Faktoren für die Preisbildung

Der Goldpreis erlebte im Jahr 2020 mehrere Phasen von Allzeithochs – in seiner Heimatwährung mit in der Spitze 2.063 US-Dollar und ebenso in Euro. Anleger, die ihr Vermögen absichern oder auch an Preissteigerungen teilhaben wollen, fragen sich unwillkürlich, wann wohl der beste Zeitpunkt sei, um in Gold zu investieren. Geht es nach mir, fällt die Antwort einfach aus: Immer! Also unabhängig vom Goldpreis. Dennoch muss man sich jede Unze leisten können. Zumal der Preis bereits bedrohlich nahe an die 2.000-Euro-Bargeldobergrenze herangerückt ist, ab der man sich ausweisen muss. Wie also wird der Goldpreis gebildet? Wohlweislich in Dollar, der Euro-Preis ist einzig vom Umtauschkurs abhängig. Gold ist, während ich dieses Buch im Winter 2020/21 schreibe, angesichts des starken Euro recht günstig.

Der Goldpreis wird von unzähligen Faktoren bestimmt, von denen ich einige in diesem Unterkapitel ausführen werde. Allerdings kann deren Einfluss und damit den Goldpreis trotzdem niemand voraussehen. Es wäre also vermessen, bestimmte Zeitpunkte zum Einsteigen zu nennen.

Der Goldpreis folgt nicht nur dem klassischen Zusammenspiel von Angebot und Nachfrage, sondern auch etlichen anderen Einflüssen, nicht zuletzt auch staatlichen Interventionen und den Zentralbanken. Die Interessenlage der rund 200 Nationalbanken und Organisationen wie dem Internationalen Währungsfonds (IWF) und der Europäischen Zentralbank (EZB) ist dabei vielschichtig und obendrein auch widersprüchlich: Einerseits horten sie Gold und freuen sich über einen hohen Preis. Dann wiederum sind sie ein großer Nachfrager und wünschen sich einen möglichst niedrigen Kurs für den Einkauf. Und schließlich haben gerade die großen Länder keinerlei Interesse daran, dass der Preis besonders steigt – da sie in diesem Fall um das Vertrauen in ihre Währungen fürchten, die sogenannten Fiat-Währungen.

Schon ohne solche Kapriolen ist Gold – wie beschrieben – kein normales Anlageprodukt: Ich empfehle Gold zur Vermögensabsicherung und um im Krisenfall auf ein weltweit akzeptiertes Tauschmittel Zugriff zu haben. Der konkrete Preis ist daher fast zweitrangig. Denn dass Gold seinen festen, unerschütterlichen Wert hat, hat das Edelmetall in mehreren Jahrtausenden bewiesen. Daher ist der jeweilige Kaufzeitpunkt – mit einem vermeintlich hohen oder niedrigen Preis – tatsächlich egal. Gold wirft keine Zinsen ab, sondern dient anderen Aufgaben. Sollte es also zu einer Krise kommen, in der Alternativen wie Gold gefragt sind, hat Gold automatisch einen hohen Wert – in der entsprechenden Währung, noch mehr aber, um sich damit die wichtigen Dinge des Lebens zu kaufen.

Eine weitere Funktion, die so den jeweiligen Goldkaufpreis ebenfalls zweitrangig macht: Sollte es zu einem Währungscrash kommen – wegen einer Katastrophe, einer Wirtschaftskrise, einer Pandemie oder weil die labile Euro-Konstruktion zusammenbricht –, sichert Gold das Vermögen ab. Paradoxerweise wird aber sein Wert immer in den Fiat-Währungen ausgedrückt – zu denen Gold aber gerade eine Alternative bieten soll.

Das zeigt, wie wenig aussagefähig der absolute Preis in Euro oder Dollar ist. Denn im Ernstfall ist dieser gar nicht relevant.

Drehen wir doch den Spieß einfach einmal um, so wie es der Betreiber der Internetseite »*Pricedingold.com*«, Charles Vollum, macht. Er hat Kurstabellen aufgestellt, die nicht aufzeigen, wie hoch der Goldpreis in einer Währung ist, also beispielsweise »eine Unze kostet 1.900 Dollar«, sondern wie viel Gold (Unze, Gramm oder Milligramm) man für einen Dollar erhält. Gold ist hier der Preismaßstab und damit ist der Wertstandard nicht mehr an die Währungs- und Geldpolitik eines Landes gebunden. Es gibt so keine steigenden und fallenden »Goldpreise« mehr, sondern fallende und steigende »Währungspreise«. Mehr noch: Vollum wendet dieses Prinzip auch auf wichtige Rohstoffe oder Alltagsprodukte an, womit man ein realistischeres Bild vom Gegenwert von Gold bekommt. Je nachdem wie stark das Edelmetall gerade notiert, erhält man für ein Pfund Baumwolle oder Kaffee, eine Tonne Kupfer oder ein Barrel Öl entsprechend viele Gramm oder Milligramm Gold – meist wird es über den Zeitverlauf weniger Gold, von Ausschlägen bei einzelnen Rohstoffen oder gar Bitcoin einmal abgesehen. Dieses erhellende Prinzip lässt sich auch auf andere Bereiche übertragen wie Big Macs in verschiedenen Ländern oder den US-Strompreis, bei dessen »Kursverlauf« man erkennt, dass man für eine Kilowattstunde Strom immer weniger Gold bekommt. Denn die herkömmliche Betrachtungsweise der Anlageklassen und Rohstoffe in Papiergeldeinheiten führt zu einem Zerrbild der Realität, einer Geldillusion.

Niemand hat die berühmte Glaskugel, aber eins ist klar: Krisenzeiten befeuern in der Regel den Goldpreis. Dann also erst einzusteigen, ist naturgemäß teurer, als sich schon in Schönwetterphasen mit Gold einzudecken. Die aktuelle Hochphase bei Preisen um 1.600 Euro je Unze zeigt dieses Strickmuster: Wer sich in ruhigen, sicheren und stabilen Vor-Corona-Zeiten mit Gold bei Preisen von unter 1.150 Euro eingedeckt hat, kann sich nun über eine schöne Rendite freuen – aber nur dann, wenn er verkauft.

Warum der Goldpreis noch immer Luft nach oben hat

Ein Blick auf die Wertentwicklung der vergangenen Jahrhunderte und besonders seit der Freigabe des Goldpreises im Jahr 1973 ist ein starkes Argument für Gold. Damit kann man ordentlich Plus machen, auch wenn Rendite zu erzielen kein größeres Motiv für einen Goldkauf sein sollte. Niemand also sollte sich Gold allein wegen möglicher Preissteigerungen zulegen, das habe ich bereits mehrfach betont. Trotzdem fragen sich viele Anleger, ob beim jüngst gestiegenen Preis noch Luft nach oben ist. Auch ich weiß nicht, wann und wie sich der Preis entwickelt. Aber das Potenzial für höhere Preise ist eindeutig da. Schließlich ist der Goldpreis über die Jahrhunderte stetig angestiegen – allerdings mit starken Schwankungen und Phasen der Stagnation.

Dabei gibt es einige Merkwürdigkeiten, und zwar wegen der Interessenlage einiger internationaler Akteure. So ist es in höchstem Maße auffällig und auch widersinnig gewesen, dass ausgerechnet in einigen Krisen und geldpolitischen Katastrophen der Goldpreis sank. Das war beispielsweise bei der Lehman-Pleite 2008 der Fall, in der Zypernkrise im April 2013 (hier fiel Gold um 200 Dollar pro Unze) oder bei einem der Höhepunkte der Griechenland-Tragödie 2015: Die Banken hatten nach Wochen wieder geöffnet und plötzlich ging im ruhigen Morgenhandel der Preis in den Keller. Was war passiert? Zentralbanken und andere Mitspieler hatten massiv Gold auf den Markt geworfen. Hierzu gehört auch die eher unbekannte Bank für Internationalen Zahlungsausgleich (BIZ) in Basel. Sie alle verfolgten damit ihre eigenen Interessen. Fielen diese marktwidrigen und politisch motivierten Einflüsse weg, würde der Goldpreis also nur durch reale Marktmechanismen wie Angebot und Nachfrage gebildet, wäre er weit höher.

Auch Autor Michael Braun Alexander *(So geht Gold. Die unvergängliche Währung: Chancen, Risiken Hintergründe)* schreibt: »Im Prinzip können Zentralbanken, wenn sie wollen, den Goldpreis fast beliebig nach unten drücken, weil sie ein Pfund haben, mit dem sie wuchern können: ihre Goldreserven. Allein die Ankündigung, dass sie den Verkauf von Staatsgold in Erwägung ziehen könnten, würde den Goldpreis kollabieren lassen.«[84]

Ohne politische Einflüsse wäre der Goldpreis deutlich höher

Währungshüter haben ein Interesse an einem niedrigen Goldpreis. Denn aus ihrer Sicht bedeutet ein hoher Goldpreis auch ein Misstrauen gegenüber ihren sogenannten Fiat-Währungen. Wie wahr! Viele Goldexperten beschreiben den Goldpreis als Krisenbarometer, und zwar für Inflationserwartungen und die Angst vor einem Crash. Und dieses Barometer haben die Zentralbanker voll im Blick. Wenn sie den Preis drücken, wollen sie dem Volk zweierlei signalisieren: »Alles in Ordnung!« und »Seht, Gold ist auch nicht besser!« Die Möglichkeiten solcher Manipulation sind aber begrenzt. Das zeigt auch der starke Anstieg des Goldpreises innerhalb des vergangenen Jahres – nachdem er jahrelang stagnierte. Denn die Goldmengen von Zentralbanken, IWF, BIZ und EZB sind zwar gewaltig – bezogen auf den Gesamtmarkt machen sie aber nur einen Teil aus. Warum aber würde der Goldpreis höher liegen, wäre er gänzlich frei von politischen Einflussfaktoren? Die Gründe hierfür sind aus meiner Sicht offenkundig: Der Ansturm auf Gold ist ungebrochen. Die Leute lieben Gold immer schon als »sicheren Hafen«, haben aber besonders seit dem vergangenen Jahr und in der Coronakrise die Goldhändler aufgesucht.

Bedenkt man noch, dass rund die Hälfte des am Markt gehandelten Goldes Schmuck ist – mit den beiden größten Märkten in Indien und China und dem Einbruch um die Hälfte im Corona-Jahr 2020 –, erkennt man das riesige Potenzial des Goldpreises. Schon Ende 2020 begannen Chinesen, aufgeschobene Käufe nachzuholen. Auch die goldreichen Hochzeiten in Indien werden früher oder später alle stattfinden – und den Markt ebenfalls positiv beeinflussen. Übrigens haben sich auch die Zentralbanken im Jahr 2020 als Nachfrager von Gold deutlich zurückgehalten – sei es, weil sie andere Prioritäten setzen mussten oder weil ihnen der Preis zu hoch erschien.

Das Begehren nach Gold wird nie erkalten, das hat die gesamte Kulturgeschichte bewiesen. Autor James Rickards *(Gold: Wie Sie sich vor Inflation, Zentralbanken und finanzieller Repression schützen)* sieht gar zwei handfeste ökonomische Szenarien, die zu höheren Goldpreisen führen können – Inflation und Deflation. »Der Reiz von Gold besteht darin, dass es in beiden Szenarien seinen Vermögenswert bewahrt.« Und apokalyptisch fügte er bereits vor einigen Jahren hinzu: »Ich sehe keine kluge Politik, sondern ich sehe den Zusammenbruch kommen und zu einem wesentlich höheren Goldpreis führen, damit das weltweite Vertrauen wiederhergestellt werden kann.«[85]

Gold steigt also nicht automatisch in jeder Finanz- und Wirtschaftskrise. Dass der Goldpreis in Krisenzeiten mitunter sinkt, ist geradezu ein Ausdruck der Gefahr, die Zentralbanken und Regierungen mit ihm verbinden. Entscheidend ist, was passiert, wenn es richtig kracht oder wenn das weltweite Interesse an Gold weiter steigt und Zentralbanken dem nichts mehr entgegensetzen können. Dann wird der Preis mutmaßlich noch mehr in die Höhe schnellen.

Der Goldpreis ist im August 2020 auf mehr als 2.063 Dollar je Unze geklettert. Damit hat er nicht nur einen Allzeitrekord erreicht (ebenso in Euro), sondern mit der 2.000er-Marke auch eine wichtige psychologische und charttechnische Mauer übersprungen. Daraufhin hielten Analysten, etwa von der Bank of America, sogar einen Preis von 3.000 Dollar innerhalb der kommenden 18 Monate für möglich. Der Markt hat solch einen Boom seit 2011 nicht mehr gesehen. In manchen Zeitungen liest man gar: »Und doch gibt es einen dritten Weg zum eigenständigen Vermögensaufbau. Dieser dritte Weg ist eine Art Zwischending zwischen Geldanlage in Wertpapieren und Immobilien-Besitz. Die Rede ist von Gold – und die Rendite-Chance dahinter überrascht selbst Ökonomen.«[86] Ende März 2020 musste man nur 1.500 Dollar für eine Unze berappen. Innerhalb von vier Monaten legte der Preis also um sagenhafte 500 Dollar zu, hat sich seitdem aber wieder bewegt – bis heute, wo Sie das Buch in den Händen halten.

Die traditionell »goldhungrigen« Analysten der Bank of America kommen in einer Analyse zu eindeutigen – wenn auch nüchternen – Begründungen: »Realzinsen sind aus statistischer Sicht der wichtigste Treiber für den Goldpreis.« Schließlich ist selbst die US-Fed auf einen Kurs eingeschwenkt, den man eher von der EZB her kannte: ultralockere Geldpolitik, die wiederum Inflationsängste schürt. Folge: Zehnjährige US-Staatsanleihen – sonst gewissermaßen der »Goldstandard« – fielen auf den tiefsten Stand der Geschichte. Kein Wunder, dass Groß- wie Kleinanleger nun in den echten und buchstäblichen Goldstandard flüchten.

Szenario: Goldverbot und Enteignungen

Die Coronakrise und die harten, ja harschen Restriktionen des Staates – inklusive einer weitreichenden Aushebelung des Parlaments – haben der Öffentlichkeit und besorgten Anlegern gezeigt: Wenn der Staat möchte, kann er von einem Tag auf den anderen seine Zähne zeigen und noch Wochen zuvor als absurd angesehene Maßnahmen einführen. Warum nicht auch ein Goldverbot? Zudem liegt es in der Natur solcher Entscheidungen, dass Sie nicht vorher angekündigt oder gar in drei Lesungen ausführlich im Deutschen Bundestag behandelt werden.

Dabei muss es sich nicht einmal um ein Goldverbot im engen Wortsinn handeln. Viele Schattierungen und Vorstufen – mit anderen Worten: Daumenschrauben – sind denkbar, die de facto auf dasselbe hinauslaufen können. Daher möchte ich in diesem Unterkapitel kurz darauf eingehen, was man unter einem Goldbesitzverbot versteht, was bei einem solchen Verbot tatsächlich geschieht, wie die Gefahren für den Goldbesitz einzuschätzen sind und was Eigentümer und Anleger, die (zukünftig) in Gold investieren möchten, tun können.

Mit dem Begriff des Goldbesitzverbotes ist in der Regel gemeint, dass der Staat den Besitz des Edelmetalls entweder reguliert oder eine Zwangsabgabe festlegt. In der Geschichte gab es bereits mehrere solcher Verbote, das berühmteste in den USA habe ich mehrfach erwähnt. Alle hatten gemein, dass das Goldbesitzverbot dann beschlossen wurde, wenn es schlecht um die Staatsfinanzen stand. Ein wichtiger Punkt allerdings, um abschätzen zu können, wie realistisch ein solches Verbot aktuell ist, besteht im folgenden Fakt: Derartige Verbote fanden in der Vergangenheit nur dann statt, als mittels des sogenannten Goldstandards der Wert des Zentralbankgeldes noch an das Edelmetall gekoppelt war. Dies ist bekanntlich heute nicht mehr der Fall. Zudem handelt es sich beim Goldbesitzverbot keinesfalls um eine einheitliche Definition. Stattdessen kann der Begriff unterschiedliche Folgen haben und verschiedene Maßnahmen beinhalten. So ist es beispielsweise möglich, dass der Goldhandel oder der Goldbesitz von einem Verbot betroffen ist. Mögliche Maßnahmen, die im Zuge eines Goldbesitzverbotes getroffen werden können, sind vor allem:

- Zwangsabgabe auf Goldbestände,
- Handelsbeschränkungen,
- Mengenbegrenzungen,
- Besitzverbote mit zwangsweisem Verkauf des Goldes an den Staat.

Nehmen wir nicht an, dass all dies nur Optionen sind. Gravierend für viele Anleger war bereits die angesprochene 2.000-Euro-Grenze beim Bargeldkauf von Gold. Abgesehen von einem möglichen Goldbesitzverbot gibt es für private Goldbesitzer noch weitere Gefahren und Risiken. So kam es in der Vergangenheit bereits häufig vor, dass ausländische Banken die Herausgabe der Goldbarren verweigerten, die bei ihnen gelagert wurden. Diese Gefahr ist umso größer, wenn sich solche Banken in sogenannten Steueroasen befinden. Die »falsche« Verwahrstelle ist demzufolge für Goldbesitzer ein Risiko, wenn die eigenen Bestände dort in physischer Form verwahrt werden. Deshalb ist es umso wichtiger, dass Sie als Goldeigentümer auf eine sichere Verwahrung bei einer renommierten Stelle achten. Zu den sichersten Häfen weltweit zählt die Schweiz. Sie hat in etlichen Weltwirtschaftskrisen diesen Status stets bekräftigt und sogar noch verstärkt. Die Schweiz ist in finanzieller Hinsicht der robusteste Ort auf der Welt. Und das bereits seit Jahrhunderten. Es existiert ein breites Spektrum an Personen und Unternehmungen, die ihre Vermögenswerte in der Schweiz untergebracht haben, da sich das Land als sicherer und stabiler

Zufluchtsort etabliert hat. Der große Vorteil der Schweiz ist die Tatsache, dass sie keine mächtige Zentralregierung oder eine andere Einrichtung hat, die umgangssprachlich als »DIE Regierung« bezeichnet werden kann. Vielmehr ist das System von unten nach oben strukturiert. Die Schweiz ist kein echter Nationalstaat im herkömmlichen Sinn, sondern eher ein Zusammenschluss kleiner, unabhängiger Gemeinwesen, der Kantone; ja sogar mit starken Gemeinden, die beispielsweise allein über eine Einbürgerung entscheiden.

Ein weiteres Risiko hängt mit dem eigentlichen Goldbesitzverbot zusammen. Sollte der deutsche Staat nämlich eine Goldabgabepflicht beschließen, müssten sämtliche Bestände an ihn veräußert werden. Dann wären selbst sichere Verwahrstellen und seriöse Banken in Deutschland dazu verpflichtet, dem Kunden den Zugang zu seinem im Schließfach gelagerten Gold zu verweigern. Der Zugriff dürfte nur noch dann gestattet werden, wenn ein vorgeschriebener Verkauf an den Staat vorgenommen werden soll.

Weiterhin sind neben Steuer- und Abgabenerhöhungen auch Enteignungen kein Tabuthema mehr. Allein die Schlagzeilen der jüngsten Zeit zeigen, dass über die Verstaatlichung von Unternehmen zumindest laut nachgedacht wird. Einen Testballon hierzu ließ der frühere Juso-Chef und heutige stellvertretende SPD-Bundesvorsitzende Kevin Kühnert steigen, der »Kollektivierungen« als Mittel zur »Überwindung des Kapitalismus« ansieht – seine gesellschaftliche Utopie.[87] Und immer wieder sind Vorschläge von linken Politikern von der SPD über die Grünen bis zur Linkspartei im Gespräch, die eine Vermögensabgabe von XX Prozent fordern. Dabei sind Enteignungen sogar erlaubt und sie unterliegen einer dehnbaren Argumentation, die natürlich dann zum Tragen kommt, wenn es den regierenden Parteien nötig erscheint. In Artikel 14 Absatz 3 unseres Grundgesetzes heißt es: »Eine Enteignung ist nur zum Wohle der Allgemeinheit zulässig ...« Diese Formulierung ist äußerst schwammig. Dabei dürfte das Wörtchen »nur« für manche Milieus keine Einschränkung, sondern geradezu eine Aufforderung darstellen. Für das Bundesverfassungsgericht sind Enteignungen »auf die vollständige oder teilweise Entziehung konkreter subjektiver Eigentumspositionen (...) zur Erfüllung bestimmter öffentlicher Aufgaben gerichtet«.

Sollten bestimmte Ereignisse zu einer fortlaufenden unseriösen Bewirtschaftung der Staatsfinanzen führen, sind Enteignungen von Vermögenswerten durch den deutschen Staat somit eine reale Gefahr. Und es liegt in der Natur der Sache, dass die Regierenden darüber befinden, welche »öffentlichen Aufgaben« nur mit solchen Finanzierungsquellen noch »zu erfüllen« sind. Aus verfassungsrechtlicher Sicht ist das Grundrecht auf »Eigentum haben« nämlich eines der schwächsten Grundrechte im Grundgesetz. Es obliegt einzig und allein dem Gesetzgeber, welche Dinge er zum Eigentum zählt. Die Eigentümer müssen diese Regeln akzeptieren. Artikel 14 GG gewährleistet zwar das Eigentum, sagt jedoch nicht, was mit »Eigentum« gemeint ist. Artikel 14 bedeutet, dass der Staat unser Eigentum schützt. Es ist eine Verpflichtung und soll so genutzt werden, dass es allen Menschen nützt.

Jedoch gibt es eben eine Ausnahme. Der Staat kann in wichtigen Fällen enteignen – muss dafür jedoch eine Entschädigung anbieten. Diese Zahlung kann unter dem aktuellen Marktwert liegen. Doch gerade durch eine Investition in Gold möchten sich Investoren unabhängig vom aktuellen Geldsystem machen, also aus dem Papiergeld aussteigen. Durch die mögliche Entschädigungszahlung – wie hoch auch immer sie ausfallen wird – werden sie wieder in das Geldsystem zurückgedrängt.

All dies ist nicht völlig unmöglich. Dass Grundrechte jederzeit drastisch eingeschränkt werden können, haben die

Reisebeschränkungen, die Lockdowns und das Schließen von Lokalen, Geschäften und ganzen Wirtschaftskreisen gezeigt. Und nicht zu vergessen ist die Tatsache, dass Enteignungen durch die ständige, derzeit allerdings moderate Inflationierung unserer Währung sowieso regelmäßig stattfinden – allerdings nur begrenzt oder gar nicht bei Sachwerten, deren eine (theoretische) Eigenschaft ja gerade die Abkoppelung von Inflation ist.

Ein mögliches Goldverbot treibt viele Goldbesitzer dazu, etwaigen staatlichen Maßnahmen dadurch zu entkommen, dass sie ihre Bestände privat verwahren. Das bedeutet, die Goldmünzen oder Goldbarren werden keiner Bank oder einer anderen externen Verwahrstelle anvertraut, sondern im eigenen Tresor zu Hause verwahrt, im Keller versteckt oder gar im Garten vergraben. Der Vorteil: Der Staat hat dann keine Kenntnis über die Bestände, gerade auch nicht bei einem Verbot. So zumindest die Hoffnung derjenigen, die diese Variante bevorzugen. Eine Garantie bietet diese Vorgehensweise jedoch nicht. Und von einer möglichen Unkenntnis des deutschen Staates in Bezug auf den privaten Golderwerb sollte der Bürger grundsätzlich auch nicht ausgehen. Nicht umsonst wurde Anfang 2020 die Grenze, bis zu der man sich beim Goldkauf mit Bargeld nicht ausweisen muss, von 10.000 auf 2.000 Euro gesenkt. Vorgeblich als Schutz vor Geldwäsche. Wer's glaubt ... Glücklicherweise notiert der stark gestiegene Goldpreis pro Unze noch unter 2.000 Euro. Sonst würde es unmöglich sein, sich anonym im offiziellen Handel Gold im Wert einer Unze zu beschaffen, und man müsste auf kleine Stückelungen ausweichen.

Das private Aufbewahren ist allerdings auch aus einer anderen Sicht keine gute Idee. Das Diebstahlrisiko ist erheblich höher als bei Banken oder anderen professionellen Verwahrstellen. Mittlerweile gibt es sogar international operierende

Banden, die sich speziell auf den Diebstahl von Edelmetallen aus Privathäusern spezialisiert haben. Demzufolge wäre es für Anleger die beste Lösung, die eigenen Goldbestände sicher verwahren zu lassen, dabei jedoch unbedingt auf eine seriöse und sichere Verwahrstelle zu achten. Hierzu im nächsten Kapitel mehr.

4.

Gold ganz praktisch

Mit Gold kann man handeln, Gold ist greifbar. Und dies gilt nicht nur für das große Vermögen, sondern auch ganz praktisch. Gold ist nämlich Währungsersatz und Wertaufbewahrungsmittel in einem. Das ist auch der Grund, warum es über viele Jahrhunderte seinen Wert behalten hat und für viele Menschen als Währung der letzten Instanz gilt. Um den Wert von Gold (nicht den Preis) bestimmen zu können, spielen nicht nur wirtschaftliche Erwägungen eine Rolle, sondern vor allem die Tatsache, dass Gold eine emotionale Komponente hat. Und dieses Element ist das Misstrauen. Misstrauen gegenüber Politikern, Notenbankern, Spekulanten, Kapitalmärkten und elektronischen Handelssystemen. Gold führt seine Herkunft und Stabilität auf ein Periodensystem der Elemente zurück. Es ist der stabilste Vermögenswert der Natur. Seine langfristige Vermögensschutzfunktion ist historisch unangefochten. Unsere aus den Fugen geratene Welt offenbart immer unverhohlener dramatische Veränderungen der Schuldenstandsquoten vieler Nationen und ein damit verbundenes, grotesk aufgeblähtes Fiat-Geldniveau. Dieses entwertet immer drastischer die Kaufkraft der dem System zugrunde liegenden Währungen durch die zunehmende Menge wertlosen Papiergeldes. Noch nie in der Geschichte der Menschheit ist ein echter, realer Wertspeicher so zwingend erforderlich gewesen wie heute. Wir werden in naher Zukunft damit konfrontiert werden, dass ungedecktes Papiergeld eine Aufsichtsperson braucht, die die heutige massive Währungsentwertung eindämmt. Hoffentlich wird die Erkenntnis daraus sein, dass eine Wiederanbindung von Gold an unser Währungssystem unausweichlich sein wird. Gold ist in der heutigen Welt eine Brandschutzversicherung für Währungen, die ohnehin schon fast abgebrannt sind. Das Weltwährungshaus steht sprichwörtlich in Flammen. Aber niemand in den verantwortlichen Positionen von Politik, Wirtschaft und Geldpolitik wählt den Notruf. Das haben sie übrigens noch nie getan. So bleibt dem Einzelnen nur die Erkenntnis, selbst die Verantwortung zu übernehmen und sein eigenes Vermögen mit der bestmöglichen Brandschutzversicherung auszustatten, die man derzeit für Geld kaufen kann. GOLD.

Es unterscheidet sich von den handelsüblichen Wertversprechen des Kapitalmarktes in Form von Fondsprodukten, Lebensversicherungen und Bankeinlagen deutlich. Eine beliebige quantitative Ausweitung des weltweiten Goldbestandes ist aufgrund der Begrenztheit der vorhandenen Vorkommen nicht möglich. Jedoch können Wertversprechen des Kapitalmarktes in beliebiger Höhe ausgesprochen und somit ausgeweitet werden. Es liegt nur an den Marktteilnehmern, ob sie diesen Versprechen glauben. Auch bei Goldinvestments steht eine Vielzahl an Produktvariationen zur Verfügung. Und hier ist eben auch nicht alles Gold, was glänzt. Ein genauer Blick auf die Produktkonstruktionen ist jedem geneigten Investor angeraten. Denn Goldinvestments bestehen allerdings nicht immer aus echtem Gold.

Wie Sie inzwischen wissen, bin ich kein Freund von Gold als klassische Geldanlage oder als reines Spekulationsobjekt. Der Finanzmarkt bietet hier Alternativen in Form absoluter Traummassets, mit denen der Investor über Nacht reich werden kann. Die Funktion von Gold liegt in erster Linie in der Vermögenssicherung. Dennoch gibt es – neben dem handfesten Erwerb von echtem Gold – überraschend viele Möglichkeiten, sich bei Gold zu engagieren. Goldbesitz auf dem Papier mit Zertifikaten und spekulative Optionen warten auf Investoren, aber auch Aktien von Goldminenbetreibern – deren Kurse während der Coronakrise durch die Decke gingen.

Für Investoren relevant sind tatsächlich Gold-Finanzprodukte oder Aktien von Bergbaufirmen, die Gold schürfen. Letztere funktionieren nach den bekannten Börsenmechanismen und preisen neben dem realen Wert des Unternehmens und seiner Bestände vor allem die Zukunftsaussichten mit ein. Den Löwenanteil des Marktes machen jedoch die – ebenfalls nichtphysischen – Anlageformen von Gold aus, die zu den sogenannten Derivaten gehören. Sprachlich bedeutet ein »Derivat« eine »Ableitung«, und zwar von etwas anderem – hier also von Gold. Goldexperte und Autor James Rickards zählt sie in seinem Buch *Gold: Wie Sie sich vor Inflation, Zentralbanken und finanzieller Repression schützen* auf, wobei einem nur schwindelig werden kann:

- »COMEX-Futures (an der New Yorker Rohstoffbörse gehandelte Termingeschäfte),
- ›Exchange Traded Funds‹ (ETFs, börsengehandelte Fonds)« und ›Exchange Traded Commodities‹ (ETCs, börsengehandelte Rohstoffe)
- »Gold-Swaps (Tauschgeschäfte mit bestimmten Rechten und Pflichten),
- Gold-Leasingverträge, Terminkontrakte und Zertifikate über nicht zugeordnetes Gold (also ohne Streifbandverwahrung), die von den Mitgliedsbanken der London Bullion Market Association ausgegeben werden.

Solche Derivate – Futures, ETFs, Swaps, Leasingverträge, Forwards und Zertifikate über nicht zugeordnetes Gold – bilden den Papiergoldmarkt.«[88] Sie sind entweder, wie Futures und Optionen, hochspekulativ oder bilden wie Zertifikate durchaus den Goldpreis eins zu eins ab – bergen dann aber trotzdem noch das Insolvenzrisiko des Emittenten.

Doch all diese Spielarten haben einen großen Nachteil: Außer bei Zertifikaten besitzt der Anleger damit in der Regel kein Gold. Und sollte er es einmal benötigen, hat er es nicht in der Hand. Dieser Umstand kann sich gerade in Krisenzeiten – ein Grund, überhaupt in Gold zu investieren – fatal auswirken. Populär sind diese Derivate trotzdem: Noch Anfang November 2020 erreichte das von Indexfonds gehaltene Gold mit rund 3.450 Tonnen einen neuen Höchststand. Sie hielten zusammen also mehr als der zweitgrößte Goldbesitzer der Welt, die Deutsche Bundesbank mit ihren 3.362 Tonnen, was übrigens genau 268.541 Barren sind (Stand 31.12.2020).[89]

Exchange Traded Commodities (ETCs), börsengehandelte Rohstoffe, eignen sich nur für jene, die Gold als Anlageobjekt sehen – ohne die gerade in Deutschland so verbreiteten Beweggründe, sich gegen Währungscrashs oder Hyperinflation abzusichern. ETCs sind rechtlich Schuldverschreibungen des Emittenten, so wie Zertifikate. Diese sind meist mit Gold hinterlegt, das sich der Anleger sogar ausliefern lassen kann. Geht jedoch der Emittent pleite, kann ein Totalverlust entstehen. Denn die Forderung ist nicht durch das Einlagensicherungssystem der Banken abgedeckt. Dabei haben für reine Investoren manche Gold-ETCs sogar den Vorteil, dass Gewinne daraus steuerfrei sind. Dies gilt etwa für das »Xetra-Gold« oder das »EUWAX Gold II« der Börse Stuttgart. Von WisdomTree und Xtrackers gibt es auch währungsgesicherte Gold-ETCs, was allerdings 0,59 Prozent im Jahr kostet – ein stolzer Negativzins bei einem Produkt, das keine Zinsen abwirft.

Wenn man schon kein Gold in den Händen hält, sind solche Anlageformen dann wenigstens in Schönwetterzeiten aussichtsreich? Leider gibt es einen weiteren Mangel dieser Produktkategorie. So wie Papiergeld beliebig nachgedruckt werden und damit inflationäre Massen erreichen kann, ist es auch hier: Der Handel mit Derivaten eines Produkts übersteigt das tatsächlich vorhandene Volumen um ein Vielfaches. Mit solchen Papieren kann ein Anleger also durchaus Geld verdienen – aber auch einen Totalverlust erleiden. Die Mechanismen und Einflussfaktoren kann kein Privatanleger, ja können meist nicht einmal Profiinvestoren überblicken; gerade weil der Handel sich von der realen Bezugsgröße vollständig abgekoppelt hat. Der reale Wert von Gold, wie auch von Öl, Weizen, dem Australischen Dollar oder Schweinebäuchen, ist den Investoren dabei herzlich egal. Sie haben keinerlei echtes Interesse an den Rohstoffen, Währungen oder Produkten und wollen sie zu keiner Zeit tatsächlich besitzen. Wir haben es erst im April 2020 bei Öloptionen erlebt, bei denen aufgrund von – nachvollziehbaren, aber bizarr anmutenden – Marktmechanismen der WTI-Ölpreis ins Minus rutschte. Auf ähnliche Weise – nämlich durch massive Leerverkäufe von Futures – ist in den vergangenen Jahren verschiedentlich auch der Goldpreis unter Druck geraten, obwohl Gold knapp und stark nachgefragt war.

Bei Gold könnte es auch andersherum zu Verwerfungen kommen: Würden alle Inhaber von Goldderivaten gleichzeitig auf die Lieferung pochen, wäre erstens gar nicht genug davon vorhanden und könnte es zweitens gar nicht so schnell abgebaut werden. Wie bei allen Finanzprodukten, die traditionellen Fiat-Währungen eingeschlossen, gilt auch hier: Das System funktioniert nur, solange alle mitmachen. Ich empfehle daher ausschließlich Investitionen in reales Gold – und glücklicherweise verfolgen diese Strategie auch die sicherheitsorientierten deutschen Goldkäufer. Nach einer Umfrage von Heraeus aus dem Jahr 2020 besitzen drei Viertel der Befragten Barren, 59 Prozent haben Münzen. »Wertpapiere wie ETFs oder Zertifikate spielen bei den Befragten indes kaum eine Rolle«, berichtet das Unternehmen.[90]

Anlagekonzeption

Nachdem immer mehr Menschen auf die Idee kommen, sich unabhängiger vom Finanzmarkt aufzustellen, und auf der Suche nach einem echten realen Wertspeicher sind, stellt sich vor der praktischen Umsetzung die Frage, in welcher Form Anleger Gold (oder auch Silber) besitzen sollten. Wenn sich Anleger eine ideale Geldanlage wünschen dürften, dann sollte diese maximale Sicherheit bieten, die höchste Rendite abwerfen und sich jederzeit wieder ohne Verluste zu Geld machen lassen. Doch ist das wirklich in der Praxis umsetzbar? Ein ganz klares NEIN. Denn es herrscht in der Realität ein Spannungsfeld zwischen Sicherheit, Rendite und Verfügbarkeit. Dies habe ich bereits im Kapitel »Das Magische Dreieck der Geldanlage« ausgeführt. Sicherheit, Verfügbarkeit und Rendite sind konkurrierende Eckpunkte des Magischen Dreiecks der Geldanlage. Sie ermöglichen eine nützliche Entscheidungshilfe gerade auch bei der Geldanlage in den sehr facettenreichen Edelmetallmarkt. Der Investor sollte sich klar darüber werden, ob er Edelmetalle als universelle Zahlungsmittel gerade in Notsituationen (Notgold) einsetzen möchte, er sich gegen die Risiken des Kapitalmarktes absichern will (Sicherheitsgold) oder er auf das Erzielen einer überdurchschnittlichen Rendite ausgerichtet ist (Performancegold). Zusammenfassend lässt sich also die Investition in Gold in drei Bereiche unterteilen. Gold kann man als

- Notgold,
- als Sicherheitsgold oder als
- Performancegold kaufen.

Die entsprechenden Motive lauten daher:
- Notgold – Absicherung gegen den Zusammenbruch des Währungssystems.
- Sicherheitsgold – Ausfall oder Absturz der Kapitalmärkte.
- Performancegold – Erzielung einer überdurchschnittlichen Rendite.

Klarheit über diese einzelnen Motive ist ein absolutes Muss für jeden Goldinvestor. In der Praxis kommt es häufig vor, dass nicht nur ein Motiv zum Tragen kommt, sondern ein Mix aus verschiedenen Beweggründen.

Auch hängen die Art und Weise des Erwerbs sowie die Lagerung der Edelmetalle entscheidend von diesem Motiv ab. Wie klein man Edelmetalle stückeln soll, ist eine nicht unwesentliche Frage. Echtes »Notgold« sollte aus kleinen Münzen oder Minibarren ab 0,5 bis 5 Gramm bestehen. Doch je kleiner die Münzen und Barren sind, desto höher der Preis je Gramm Gold und damit die Differenz zwischen Kauf- und Verkaufspreis, »Spread« genannt. Die Lagerung sollte für diese Form des Edelmetallerwerbs im direkten Zugriffsbereich des Anlegers liegen. Dieser Teil seines Edelmetallinvestments sollte ein Volumen von maximal drei Nettomonatseinkommen nicht übersteigen. Optimaler Lagerort für diese Art des Edelmetallerwerbs ist ein geeignetes Lager im Umfeld des Anlegers. Das klassische Bankschließfach bei der Hausbank ist dafür aber nicht die geeignete Lösung. Denn bei Problemen im Banksystem würde mir mein Gold im Bankschließfach wenig nützen, wenn die Banken möglicherweise für einige Zeit geschlossen werden. Das ist aber wahrscheinlich genau dann der Zeitpunkt, zu dem ich die Edelmetalle am dringendsten benötige.

Wer »Sicherheitsgold« möchte, sollte das Edelmetall in der Größenordnung von einer Unze (31,1 Gramm) bis zu 50 Gramm kaufen, sowohl in Form von Barren als auch in Form von Münzen. Auf die jeweiligen Vor- und Nachteile gehe ich gleich ein. Nur so kann man sich gegen mögliche Probleme im Bankensystem wappnen. Dabei ist es zweitrangig, ob der Kurs des Goldes kurzfristig mal nach oben oder unten schwankt. Hauptsache, man hat es. Hierfür eignet sich ein monatlicher Sparplan in idealer Weise. Denn es ist kein Problem, wenn die Edelmetallpreise mal wieder stark schwanken. Im Gegenteil. Durch den Durchschnittskosteneffekt profitieren Monatssparer sogar langfristig von hoher Volatilität. Auch hier macht eine Lagerung außerhalb des fragilen Bankensystems und außerhalb der EU langfristig Sinn. Angesichts der historischen Erfahrungen mit dem Goldverbot sollte man darüber nachdenken, nicht alles in Deutschland zu lagern: stattdessen besser einen Teil in Staaten, die den Besitz von Gold höchstwahrscheinlich nicht verbieten würden.

Anders beim »Performancegold«. Dies dient einzig und allein dem Streben nach Rendite. Für diesen Zweck eignen sich dann die größeren Stückelungen ab 100 Gramm aufwärts. Hier sind die Spreads deutlich geringer als bei den kleineren Stückelungen.

Lagerung

Für die physische Lagerung von Gold bieten sich mindestens vier Varianten an. Alle haben allerdings ihre Vor- und Nachteile bei den Aspekten Sicherheit, Kosten und Verfügbarkeit.

- Einzelverwahrung: Für alle, die ihre gekauften Edelmetalle selbstständig, sicher und bankenunabhängig, aber nicht im privaten Bereich lagern möchten. Einschlägige Anbieter und Händler, auch mein Unternehmen Noble Metal Factory (NMF OHG), bieten Käufern/Besitzern ein eigenes, personifiziertes Schließfach. Es ist teurer als die Sammelverwahrung, aber günstiger als ein eigener Tresor. Nachteil: Sie müssen sich erst an den entsprechenden Ort begeben, um Ihr Gold in den Händen zu halten – und sich obendrein an Öffnungszeiten halten.
- Sammelverwahrung: Diese Variante eignet sich für Anleger, die physische Edelmetalle im Ausland lagern wollen, um ihre Edelmetallbarren vor staatlichem (deutschem) Zugriff zu schützen. Hierbei ist allerdings zu beachten, dass die Edelmetalle nicht sofort verfügbar sind, wenn beispielsweise zur Sicherung der eigenen Liquidität ein Teil der Edelmetalle verkauft oder ausgeliefert werden soll. Meist wählen die Anleger, die ihre Edelmetalle im Ausland lagern wollen, Lagermöglichkeiten in der Schweiz. Wir bieten unseren Kunden daher das Schweizer Lagerkonzept an. Dieses beinhaltet die Wahl des Lagerortes in der europäischen Schweiz (Zürich), in der »nordamerikanischen Schweiz« (Kanada) oder in der »asiatischen Schweiz« (Singapur). Eine Möglichkeit, Goldbestände sicher verwahren und lagern zu lassen, bietet unter anderem mein Unternehmen Noble Metal Factory . Die Edelmetallboutique arbeitet schon seit Jahren mit renommierten und sicheren Verwahrstellen zusammen, die sich in Zürich, London, Toronto und Singapur befinden. Bei Experten gelten die Schweiz und London sogar als sicherste Lagerstellen der Welt, wenn es um Edelmetallbestände geht. Über die NMF OHG und selbstverständlich auch über andere Anbieter haben Anleger die Möglichkeit, zunächst Gold in Form von Barren zu erwerben – um diese Bestände anschließend

in den Tresoren sicher lagern zu lassen. Natürlich werden auch andere Edelmetalle angeboten, wie zum Beispiel Silber oder Palladium. Dabei hat der Anleger jederzeit das Recht, sich seine Bestände ausliefern zu lassen. Alternativ ist es ebenfalls jederzeit möglich, seine Edelmetallbestände zu veräußern. Natürlich muss das Gold bei einem Kauf nicht extra – und kostenträchtig – dorthin transportiert werden (der Versand von Gold im Wert von einer Million Euro von Frankfurt in die Schweiz kostet rund 2.000 Euro). Nein, es liegt bereits dort, denn Händler haben da ebenfalls ihr Lager. Es wird beim Erwerb aber real von beispielsweise Palette A zu Palette D gehoben, so dass das Gold direkt und persönlich einer Person zugeordnet werden kann.

- Eigenverwahrung: Für alle, die ihre gekauften Edelmetalle in ihrem persönlichen Bereich verwahren möchten. Der große Vorteil: Sie haben permanent Zugang zu Ihren Edelmetallen. Händler/Anbieter stellen hierbei gern den geeigneten Tresor zum Einbau zur Verfügung und beraten bei der Auswahl. Die beiden Nachteile allerdings liegen auf der Hand: Einerseits sind erhebliche Aufwendungen für Anschaffung und Einbau nötig. Und sofern Externe von einem Tresor wissen oder dieser leicht auffindbar/sichtbar ist, machen Sie sich zu einem leichten Angriffsziel von Raubüberfällen mit der damit verbundenen (gewaltsamen) Nötigung, den Safe zu öffnen.
- Vergraben: Dieses Beispiel mutet wie aus einem Krimi an, ist aber durchaus üblich. Viele Käufer vergraben ihr Gold einfach im eigenen Garten. Sie sparen so Geld und Aufwand und haben ihr Gold fast ebenso permanent verfügbar wie im eigenen Tresor, wenn auch etwas unbequemer. Angesichts der hohen physikalischen Dichte von Gold – mit enormem Gegenwert und Gewicht auf kleinstem Raum – muss das dazugehörige Loch nicht einmal besonders groß und tief sein. Nur den genauen Ort sollten Sie sich präzise merken oder aufschreiben

(natürlich codiert), schließlich stellen Sie ja kein Schild daneben auf. Sofern Sie niemandem davon erzählen und Sie Ihr Nachbar nicht beobachtet, ist diese Variante recht sicher. Offiziell empfehlen möchte ich sie Ihnen aber trotzdem nicht.

Nach einer Umfrage des Edelmetallspezialisten Heraeus lagern 36 Prozent der deutschen Goldanleger ihr Gold zu Hause. Dabei sind die Kosten für eine professionelle Einlagerung überschaubar: Bei manchen Anbietern fallen hierfür 0,5 Prozent des Euro-Wertes an. 45 Prozent der Befragten bevorzugen das Bankschließfach, lediglich 21 Prozent setzen auf die Sammelverwahrung beim Händler.[91]

Und wie läuft der Transport ab, wenn Sie online kaufen? Bis zu 500 Euro versende ich mit DHL, selbstverständlich versichert und mit persönlicher Übergabe. Bis zu 20.000 Euro beauftrage ich Spezialdienstleister. Und bei Werten darüber kommen die ganz Großen ins Spiel, die Sie auch von Geldtransporten kennen, natürlich bewaffnet. Allerdings hat es nicht jeder Kunde gern, wenn solch ein martialischer Auftritt bei ihm vorm Haus stattfindet. Schließlich möchten fast alle diskret ihr Gold in Empfang nehmen. Aber auch dafür gibt es Lösungen.

Form und Größenordnung

Barren sind meist günstiger als Goldmünzen. Doch je kleiner die Einheit, desto teurer – durch den Aufpreis. Je größer die Einheit, desto günstiger die Herstellung. Für einen 1-Kilogramm-Barren wird im Durchschnitt etwa ein Prozent Aufschlag zum aktuellen Börsenpreis verlangt, bei Minibarren der Größenordnungen 1 bis 5 Gramm oft mehr als 20 Prozent. Wer Gold am Stück kauft, braucht in Deutschland keine Mehrwertsteuer zu zahlen (anders als bei Silber). Goldmünzen sind etwas teurer und bedienen obendrein noch ästhetische Ansprüche, ohne dass man gleich Münzsammler sein muss. Die gängigsten Vertreter sind der südafrikanische Krügerrand, der kanadische Maple Leaf und der American Eagle, auch das australische Känguru. Etwas seltener sind die Wiener Philharmoniker, ausgefallen die armenische »Arche Noah«. Sie alle haben aber ihren Goldwert auf der Basis ihres Gewichts, weshalb sie sich ausnahmslos weltweit leicht wiederverkaufen lassen, wenn man Geld benötigt. Bei Münzen treten jedoch je nach Jahrgang, Prägung, Sonderedition und Auflage die typischen Münzsammleraspekte hinzu. Der Sammler- und somit Marktwert kann hier deutlich vom Goldpreis nach oben abweichen, nicht aber bei den Standardprägungen, wo es nur leichte Differenzen gibt.

Je nach Marktlage können die Gebühren beim Kauf von Goldmünzen recht gesalzen sein, etwa vier bis fünf Prozent des Ankaufspreises. Aber auch hier gelten in Deutschland die attraktiven Steuerregeln: Wer Goldstücke oder Münzen mehr als ein Jahr hält, muss bei einem Verkauf mit Gewinn keine Steuern zahlen. Natürlich sollte man dies auf Nachfrage mit entsprechenden Belegen dokumentieren.

Gold in Form von Schmuck besteht meist aus Edelmetalllegierungen. Der Preis ergibt sich hier ohnehin aus der Verarbeitung und dem ästhetisch-künstlerischen Wert, was zum Preis der Goldmenge hinzutritt. Der Preis liegt hier in der Regel weit über dem Goldkurs, so dass sich Schmuck für reine Anlagen nicht eignet.

Wer nur spekulieren möchte und keinerlei Wert darauf legt, das Gold im heimischen Tresor oder in seinem persönlichen Schließfach zu wissen, kann auf die angesprochenen Exchange-Traded Commodities (ETCs) setzen, die die Preisentwicklung von Gold abbilden. Bei seriösen Anbietern kann man sicher sein, dass das Gold real existiert – nur in den Händen halten kann man es nicht, was für viele gerade den Charme und die

Faszination dieses Objekts ausmacht. Wertpapiere wie etwa das Xetra-Gold sind besichert. Das Gold ist real vorhanden und sicher eingelagert. Allerdings sind ETCs Schuldverschreibungen. Geht der Herausgeber des Wertpapiers pleite, können Anleger ihr Geld verlieren. »Wir halten das Risiko aber für gering«, erklärt selbst Roland Aulitzky von der Stiftung Warentest.[92] Doch dabei wird vergessen, dass diese Art von Risiko nur einen kleinen Teil des gesamten Risikos ausmacht. In meinen Augen liegt die größte Gefahr in den immer deutlicher zu Tage tretenden Eingriffe des Staates in die Freiheit des Individuums. Zu diesen Freiheitsrechten zählt auch die Vermögensbildung. Und in diese greift der Staat heute schon in eklatanter Weise ein und wird es aller Voraussicht nach auch in Zukunft tun. Exemplarisch sei hier die schleichende Enteignung durch die Inflation genannt. Viele andere finanzielle Repressalien schlummern für viele Investoren noch im Verborgenen. Diese bereits in Gesetzesform gegossenen Interventionsmöglichkeiten des Staates wird es wahrscheinlich in Zukunft vielen Anlegern unmöglich machen, auf ihre Vermögensanlagen Zugriff zu erhalten. Gerade die verbrieften Anspruchs- und Forderungspapiere wie Lebensversicherungen, Investmentfonds, Anleihen oder Zertifikate sind für den Staat ein leichtes Opfer. Denn diese in durch Staatsorgane »regulierten Märkte« sind unter vollständiger Kontrolle der Staatsmacht. Die latente Gefahr der finanziellen Repression schwebt aktuell wie ein Damoklesschwert über den Bemühungen der Menschen, Vermögen langfristig sicher und solide aufzubauen. Wer Gold als Währung der letzten Instanz oder Brandschutzversicherung betrachtet, wird den physischen Besitz eines Goldbarrens oder eine Goldmünze präferieren und steht damit aller Voraussicht nach bei entsprechender zugriffssicherer Lagerung außerhalb des Einflussbereiches des Staates hervorragend da. Sollte die Finanzwelt sich in den nächsten Jahren tatsächlich zu einer Abkehr von künstlichen Märkten, künstlichen Währungen und künstlichem Gold durchringen können, wird der natürliche Rohstoff Gold die erste Wahl sein. Ich bevorzuge das physische Original. Denn es ist immer mehr wert als eine Kopie.

5.

Fazit und Ausblick

Gold ist ein besonderes Objekt. Dabei scheinen der Boom und Erfolg dieser jahrtausendealten Anlageform wie aus der Zeit gefallen. Doch in der Ära von »innovativen Finanzprodukten« und Derivaten – zumal digital gehandelt und oft nicht mal von Finanzprofis verstanden – bedient das höchst analoge Edelmetall auch das Bedürfnis nach etwas Handfestem und Ehrlichem. Es ist ein erhebender Augenblick, wenn man Gold in den Händen hält; erst recht beim ersten Mal. Man wiegt und dreht es und lässt es im Schein des Lichts glänzen. Dutzende rationale Argumente sprechen ohnehin für Gold. Spätestens aber in diesem Moment meldet sich das Bauchgefühl. Man wird zum Fan und schmilzt – anders als das Edelmetall selbst – dahin.

Ein Blick in die Zeitungsnachrichten über Krisen, Chaos, Konflikte, Pandemien, Cyberattacken, Unsicherheitsfaktoren und Milliarden-Neuverschuldungen verstärkt dann noch den Drang, seinen Besitz mit einem festen Anker festzuzurren. Natürlich ist Gold nicht die Lösung für alles, aber ein bedeutsamer Teil der Vermögenssicherung. Es ist auch ein Beitrag zur Unabhängigkeit von einer Währung und vom Staat, dem viele nicht mehr (blind) vertrauen wollen. Gold hilft bei der finanziellen und damit persönlichen Unabhängigkeit – und wenn es zusätzlich Rendite abwirft, umso besser! Dabei ist der Wert des Goldes über Jahrtausende hinweg konstant. Ja, legt man gar Gold als Preismaßstab an, sieht man, wie stark es sich gegenüber Währungen, Rohstoffen, Strom oder gar Big Macs gehalten hat.

Was einen Ausblick anbelangt, so sollte ich mich als Anhänger der Theorie der »Schwarzen Schwäne« wohl etwas zurückhalten. Wir können nicht in die Zukunft schauen, Ereignisse konkret voraussehen oder ausschließen. Doch es spricht viel dafür – gerade aus aktueller Sicht –, dass Gold auch die nächsten Jahrtausende überdauern wird. Dann profitieren künftige Generationen von Ihren heutigen Entscheidungen – und Sie sorgen für ein goldenes Vermächtnis.

Der irische Schriftsteller George Bernard Shaw sprach sich für die natürliche Stabilität des Goldes aus: »Sie müssen sich entscheiden, worauf Sie vertrauen wollen. Auf die natürliche Stabilität des Goldes oder auf die Ehrlichkeit und Intelligenz der Regierung. Bei allem schuldigen Respekt für diese Damen und Herren rate ich Ihnen, solange das kapitalistische System existiert, für Gold zu votieren.«[93] In Anlehnung an die Aussage des Schriftstellers möchte ich dieses Buch mit meinem goldenen Motto beenden:

Gold kann seine Stabilität und Herkunft auf das Periodensystem der Elemente zurückführen anstatt auf Regierungen, Politiker, Banker, Ökonomen, Trading-Robots, Robo-Advisor oder andere digitale Trader. Bei einer Abkehr der Welt von künstlichen Märkten, künstlichen Währungen und künstlichem Geld wird Gold die erste Wahl sein.

Literatur

Bandulet, Bruno; Boehringer, Peter; Faber, Marc; Schulte, Thorsten & Speck, Dimitri (2014): *Insiderwissen: Gold. Fünf Experten beantworten die wichtigsten Fragen zum deutschen Staatsgold und zur dreisten Goldpreis-Manipulation*, Rottenburg: Kopp.

Braun Alexander, Michael (2016): *So geht Gold. Die unvergängliche Währung: Chancen, Risiken, Hintergründe*, München: Goldmann.

Bußler, Markus (2016): *Gold. Player, Märkte, Chancen: Das Handbuch für Goldanleger*, Kulmbach: Börsenmedien AG.

Deutsche Bundesbank & Thiele, Carl-Ludwig (Hrsg.) (2018): *Das Gold der Deutschen*, München: Hirmer.

Rickards, James (2016): *Gold: Wie Sie sich vor Inflation, Zentralbanken und finanzieller Repression schützen*, München: FinanzBuchVerlag.

Rickards, James (2017): *Der Weg ins Verderben: Wie die Eliten die nächste Krise vorbereiten und wie Sie sich davor schützen können*, München: FinanzBuchVerlag.

Taleb, Nassim Nicholas (2020): *Der Schwarze Schwan: Die Macht höchst unwahrscheinlicher Ereignisse*, München: Penguin.

Wagner, Ronny (2018): *Geld(R)evolution: Die Entwicklung von Kompetenz im Umgang mit Geld*, Hamburg: tredition.

Wagner, Ronny (2019): *Guck mal, was da glänzt: Wie Goldi Goldhamster das Gold entdeckte*, Hamburg: tredition.

Wagner, Ronny (2019): *Goldi und das Haus über den Bäumen: Eine Parabel über Gold und Wohlstand*, Hamburg: tredition.

Endnoten

1 https://www.finanzen100.de/finanznachrichten/boerse/usa-pandemie-staatsanleihen-boersenexperte-sieht-2021-reichlich-crashpotenzial_H1298843706_12836233/

2 https://de.statista.com/statistik/daten/studie/159798/umfrage/entwicklung-des-bip-bruttoinlandsprodukt-weltweit/

3 In: Dissertationes 1,1, nach: Epiktet, Teles und Musonius. Wege zum glückseligen Leben, übertragen und eingeleitet von Wilhelm Capelle, Zürich 1948, S. 78– 81 (160 f.)

4 https://de.statista.com/statistik/daten/studie/1046/umfrage/inflationsrate-veraenderung-des-verbraucherpreisindexes-zum-vorjahr/

5 https://de.statista.com/statistik/daten/studie/241829/umfrage/entwicklung-der-geldmenge-m3-in-der-euro-zone/#statisticContainer

6 http://www.roland-baader.de/inflation-der-papierene-selbstmord/

7 https://de.statista.com/statistik/daten/studie/201419/umfrage/entwicklung-des-kapitalmarktzinssatzes-in-deutschland/

8 https://de.statista.com/statistik/daten/studie/4917/umfrage/inflationsrate-in-deutschland-seit-1948/

9 https://de.statista.com/statistik/daten/studie/1045/umfrage/inflationsrate-in-deutschland-veraenderung-des-verbraucherpreisindexes-zum-vorjahresmonat/

10 Höfling, Michael (2020): »Wir haben politisch und ökonomisch unqualifizierte Mitgliedstaaten aufgenommen«, Interview mit Jürgen Stark, *Die Welt*, 26.11.2020, https://www.welt.de/wirtschaft/plus221001732/Ex-EZB-Chefvolkswirt-Juergen-Stark-Whatever-it-takes-war-der-Gamechanger.html

11 Höfling, Michael (2020), a. a. O.

12 Höfling, Michael (2020), a. a. O.

13 Münchrath, Jens (2020): »Hans-Werner Sinn warnt vor Kontrollverlust: ›Die Politik verliert das Maß‹«, Interview mit Hans-Werner Sinn, *Handelsblatt*, 15.12.2020, https://www.handelsblatt.com/politik/deutschland/oekonom-im-interview-hans-werner-sinn-warnt-vor-kontrollverlust-die-politik-verliert-das-mass/26715558.html?ticket=ST-6084846-09GF02CObMfdl6mkkkpP-ap6

14 Münchrath, Jens (2020), a. a. O.

15 Münchrath, Jens (2020), a. a. O.

16 Lindenblatt, Roland & Pache Timo (2020): »Sie können jeden überbieten, sogar Jeff Bezos«, *Capital* 11/20, https://www.capital.de/p/plus/politik-wirtschaft/-sie-koennen-jeden-ueberbieten--sogar-jeff-bezos--9512282.html

17 Stand Dezember 2020

18 Narat, Ingo (2020): »Es gibt kein Zurück«, Interview mit Bert Flossbach, *Handelsblatt*, 24.11.2020

19 Narat, Ingo (2020), a. a. O.

20 Narat, Ingo (2020), a. a. O.

21 https://www.flossbachvonstorch.de/de/fonds/LU0323578657/tagesaktuelles-factsheet-4280/

22 Narat, Ingo (2020), a. a. O.

23 https://de.statista.com/statistik/daten/studie/187893/umfrage/staatsverschuldung-der-usa-monatswerte/

24 Brodbeck, Karl-Heinz (2012): *Die Herrschaft des Geldes. Geschichte und Systematik*, Darmstadt: Wissenschaftliche Buchgesellschaft, vii

25 Historisches Lexikon Bayerns (2020): »Währungsreform 1923/24« Helmut Braun, https://www.historisches-lexikon-bayerns.de/Lexikon/Währungsreform,_1923/24

26 Stiftung Familienunternehmen (2020): »Deutsche sehen in Finanzkrisen, Arbeitsplatzverlust und Inflation die Hauptgefahr für ihr Eigentum«, Stiftung Familienunternehmen, 24.12.2020, https://www.familienunternehmen.de/de/pressebereich/archiv/2020, abgerufen am 29.12.2020

27 Stiftung Familienunternehmen (2020): »Deutsche sehen in Finanzkrisen, Arbeitsplatzverlust und Inflation die Hauptgefahr für ihr Eigentum«, Stiftung Familienunternehmen, 24.12.2020, abgerufen am 29.12.2020

28 statista: Anzahl der weltweit verwalteten offenen Investmentfonds in den Jahren von 2014 bis 2019; https://de.statista.com/statistik/daten/studie/219484/umfrage/anzahl-der-weltweit-verwalteten-investmentfonds-seit-2001/

29 Taleb, Nassim Nicholas: *Der Schwarze Schwan: Die Macht höchst unwahrscheinlicher Ereignisse* (Kindle-Version); Position 4768 (S. 309)

30 Taleb, Nassim Nicholas: *Der Schwarze Schwan: Die Macht höchst unwahrscheinlicher Ereignisse* (Kindle-Version); Position 4768 (S. 309)

31 Wikipedia: Euro Stoxx 50, https://de.wikipedia.org/wiki/EURO_STOXX_50, Eigene Berechnungen

32 www.pricedingold.de: Euro STOXX 50, since 1990: http://pricedingold.com/european-stocks/

33 Hülsmann, Jörg Guido: The Ethics of Money Production, Ludwig von Mises Institute, 2018

34 Detlef S. Schlichter: *Das Ende des Scheins – Warum auch unser Papiergeldsystem zusammenbricht* (S. 214)

35 Detlev S. Schlichter: *Das Ende des Scheins – Warum auch unser Papiergeldsystem zusammenbricht* (S. 215)

36 Prof. Dr. Stefan Homburg: »Finanzielle Repression – Realität oder Mythos«, https://www.wirtschaftsdienst.eu/inhalt/jahr/2013/heft/11/beitrag/finanzielle-repression-ein-instrument-zur-bewaeltigung-der-krisenfolgen.html#footnote-49542-1

37 Taleb, Nassim Nicholas: *Antifragilität: Anleitung für eine Welt, die wir nicht verstehen* (German Edition) (S. 232). Albrecht Knaus Verlag

38 Taleb, Nassim Nicholas: *Der Schwarze Schwan: Die Macht höchst unwahrscheinlicher Ereignisse* (German Edition) (S. 91). Albrecht Knaus Verlag

39 Weik, Matthias, Friedrich, Marc: *Der größte Crash aller Zeiten: Wirtschaft, Politik, Gesellschaft. Wie Sie jetzt noch Ihr Geld schützen können* (German Edition) (S. 46–47). Eichborn

40 VDA – Verband der Automobilindustrie, https://www.vda.de/de/themen/umwelt-und-klima/diesel/bedeutung-deutschland.html

41 Sven Felix Kellerhoff: Welt – Geschichte – 70 Jahre Währungsreform, https://www.welt.de/geschichte/article177860318/Waehrungsreform-Im-Kurs-100-zu-6-50-begann-die-DM-ihren-Siegeszug.html

42 biallo.de – Interview mit Bestsellerautor Marc Friedrich, https://www.biallo.de/geldanlage/news/star-oekonom-friedrich-es-wird-der-groesste-crash-aller-zeiten-sein/

43 Baader, Roland: *Das Ende des Papiergeld-Zeitalters: Ein Brevier der Freiheit* (German Edition) Verlag Johannes Müller (Kindle-Version); Position 2251

44 Gabler Wirtschaftslexikon, https://wirtschaftslexikon.gabler.de/definition/zahlungsfaehigkeit-47858

45 Taghizadegan, Rahim: *Alles, was Sie über die Österreichische Schule der Nationalökonomie wissen müssen* (German Edition). FinanzBuch Verlag. Kindle-Version (S. 122–123)

46 Taghizadegan, Rahim: *Alles, was Sie über die Österreichische Schule der Nationalökonomie wissen müssen* (German Edition). FinanzBuch Verlag. Kindle-Version (S. 123)

47 Brodbeck, Karl-Heinz (2012): *Die Herrschaft des Geldes. Geschichte und Systematik*, Darmstadt: Wissenschaftliche Buchgesellschaft, S. 368

48 Lotter, Wolf (2018): »Was zählt«, *brand eins* 06/2018, https://www.brandeins.de/magazine/brand-eins-wirtschaftsmagazin/2018/geld/wolf-lotter-was-zaehlt

49 Ebd.

50 Reifner, Udo (2017): *Das Geld. Band 2: Soziologie des Geldes – Heuristik und Mythos.* Wiesbaden: Springer, S. 203

51 *Welt am Sonntag* (2020): »Finanzwissen im Test«, *Welt am Sonntag*, 22.11.2020.

52 Ebd.

53 Hans Kühn: Statt einer Widmung

54 Kunz, Anne (2020): »Die gefährliche Ignoranz der Frauen bei der Finanzplanung«, *Die Welt*, 28.10.2020, https://www.welt.de/finanzen/plus193388207/Altersvorsorge-Die-gefaehrliche-Ignoranz-der-Frauen-bei-der-Finanzplanung.html

55 Ebd.

56 Rickards, James. *Der Weg ins Verderben* (German Edition). FinanzBuch Verlag. Kindle-Version (Kindle-Version. Positionen 587–630).

57 Europäische Zentralbank, Geldpolitik: https://www.ecb.europa.eu/ecb/tasks/monpol/html/index.de.html

58 Jung, Alexander, Radü, Jens & Walter, Michael (2020): »Alles Gold der Welt«, *Spiegel Online*, 02.05.2020, https://www.spiegel.de/wirtschaft/service/gold-wo-kommt-es-her-wie-lange-reichen-die-vorkommen-a-141eb467-8c7f-45c4-a239-3e4a624ab133, abgerufen am 26.11.2020

59 *Der Tagesspiegel* (2020): »Clan-Mitglied akzeptiert Strafe für Berliner Goldmünzen-Diebstahl«, *Der Tagesspiegel*, 22.09.2020, https://www.tagesspiegel.de/berlin/big-maple-leaf-clan-mitglied-akzeptiert-strafe-fuer-berliner-goldmuenzen-diebstahl/26207880.html

60 *Handelsblatt* (2020): »Optimismus – aber keine Euphorie«, *Handelsblatt*, 27.12.2020.

61 Gold-Vergleichsportal www.gold.de: *Faktencheck Goldwürfel: So groß ist er aktuell*, https://www.gold.de/artikel/goldmengen-wie-gross-ist-goldwuerfel-wirklich/

62 Gold-Vergleichsportal www.gold.de: *Goldförderung: Aktuelle Zahlen und Entwicklung*, https://www.gold.de/goldfoerderung/

63 Heraeus (2020): »Umfrage: Goldanleger setzen auf Sicherheit in unruhigen Zeiten«, Heraeus, 25.08.2020, https://www.heraeus.com/de/hpm/hpm_news/2020_hpm_news/03_goldanleger_setzen_auf_sicherheit.html

64 Höfling, Michael (2020): »Wir haben politisch und ökonomisch unqualifizierte Mitgliedstaaten aufgenommen«, Interview mit Jürgen Stark, *Die Welt*, 26.11.2020, https://www.welt.de/wirtschaft/plus221001732/Ex-EZB-Chefvolkswirt-Juergen-Stark-Whatever-it-takes-war-der-Gamechanger.html

65 *Die Welt* (2020): »Die wahre Liebe der Deutschen«, *Die Welt*, 06.12.2020

66 *Die Welt* (2020), a. a. O.

67 Landgraf, Robert (2020): »Gold gehört in jedes Depot«, *Handelsblatt*, 15.06.2020, www.handelsblatt.com/meinung/kommentare/kommentar-gold-gehoert-in-jedes-depot/25916920.html

68 Landgraf, Robert (2020), a. a. O.

69 Landgraf, Robert (2020), a. a. O.

70 Facility Management: Eurocres Consulting: *Neue Businessmodelle und Arbeitsmethoden durch Corona*, https://www.facility-management.de/artikel/fm_Neue_Businessmodelle_und_Arbeitsmethoden_durch_Corona_3534045.html

71 Eckert, Daniel & Zschäpitz, Holger (2020): »Bitcoin, Weihrauch und Myrrhe«, *Die Welt*, 07.12.2020

72 Eckert, Daniel & Zschäpitz, Holger (2020), a. a. O.

73 *Handelsblatt* (2020): »Kombi-Pack aus Gold und Bitcoin«, Handelsblatt 27.11.2020

74 *Die Welt* (2021): »Reine Glaubenssache«, *Die Welt*, 03.01.2021

75 *Handelsblatt* (2021): »Was wurde im Jahr 2020 aus 100.000 Euro?«, Handelsblatt, 04.01.2021

76 Gräber, Berrit (2020): »Barren, Münzen oder Aktien – so verschenken Sie Gold richtig«, *Die Welt*, 14.12.2020, https://www.welt.de/finanzen/verbraucher/plus222446480/Barren-Muenzen-oder-Minen-Aktien-so-verschenken-Sie-Gold-richtig.html

77 Blume, Jakob (2021): »Silber steht ein ›extrem gutes‹ Jahr bevor«, *Handelsblatt*, 28.01.2021, https://www.handelsblatt.com/finanzen/maerkte/devisen-rohstoffe/edelmetalle-die-schwaeche-wird-zur-staerke-silber-steht-ein-extrem-gutes-jahr-2021-bevor/26855992.html

78 Blume, Jakob (2021), a. a. O.

79 Blume, Jakob (2021), a. a. O.

80 Blume, Jakob (2021), a. a. O.

81 Blume, Jakob (2021): »Silber steht ein ›extrem gutes‹ Jahr bevor«, *Handelsblatt*, 28.01.2021, https://www.handelsblatt.com/finanzen/maerkte/devisen-rohstoffe/edelmetalle-die-schwaeche-wird-zur-staerke-silber-steht-ein-extrem-gutes-jahr-2021-bevor/26855992.html

82 statista: »Major countries in global mine production of platinum from 2010 to 2020«, https://www.statista.com/statistics/273645/global-mine-production-of-platinum/, abgerufen am 27.11.2020

83 Heraeus (2020): »Umfrage: Goldanleger setzen auf Sicherheit in unruhigen Zeiten«, Heraeus, 25.08.2020, https://www.heraeus.com/de/hpm/hpm_news/2020_hpm_news/03_goldanleger_setzen_auf_sicherheit.html

84 BraunAlexander, Michael: *So geht Gold. Die unvergängliche Währung: Chancen, Risiken und Hintergründe* (German Edition). Goldmann Verlag. Kindle-Version (S. 62)

85 Rickards, James. Gold (German Edition) FinanzBuch Verlag. Kindle-Version (S. 142)

86 Die Welt Online: »*Stark wie ein Aktien-Portfolio – die Rendite-Macht des Goldes*«, https://www.welt.de/finanzen/geldanlage/plus203871760/Sparen-mit-Gold-Diese-Rendite-Chance-ueberrascht-selbst-Oekonomen.html

87 Bittner, Jochen & Hildebrandt, Tina (2019): »Was heißt Sozialismus für Sie, Kevin Kühnert?«, Interview mit Kevin Kühnert, *Zeit Online*, 01.05.2019, https://web.archive.org/web/20190501150554/https://www.zeit.de/politik/deutschland/2019-05/kevin-kuehnert-spd-jugendorganisation-sozialismus/komplettansicht, abgerufen am 05.01.2021

88 Rickards, James. *Gold* (German Edition). FinanzBuch Verlag. Kindle-Version (S. 125)

89 Deutsche Bundesbank: *Goldbestand der Deutschen Bundesbank*, Stand 31.12.2020: https://www.bundesbank.de/resource/blob/743058/87870830da17b35b94e1deba47d93e56/mL/goldbarrenliste-data.pdf

90 Heraeus (2020): »Umfrage: Goldanleger setzen auf Sicherheit in unruhigen Zeiten«, Heraeus, 25.08.2020, https://www.heraeus.com/de/hpm/hpm_news/2020_hpm_news/03_goldanleger_setzen_auf_sicherheit.html, abgerufen am 07.12.2020

91 Heraeus (2020), a. a. O., https://www.heraeus.com/de/hpm/hpm_news/2020_hpm_news/03_goldanleger_setzen_auf_sicherheit.html

92 Gräber, Berrit (2020): »Barren, Münzen oder Aktien – so verschenken Sie Gold richtig«, *Die Welt*, 14.12.2020, https://www.welt.de/finanzen/verbraucher/plus222446480/Barren-Muenzen-oder-Minen-Aktien-so-verschenken-Sie-Gold-richtig.html

93 Gasser, Michael Karl: »Gold – der König der Geldanlage? Physisches Gold als Anlageform der modernen Zeit«, Hamburg: Diplomica Verlag GmbH 2013 (S. 81)

Gold

James Rickards

GOLD! Nicht nur in Zeiten extremer politischer Instabilität das einzig sichere Mittel zur Wertbewahrung und alleiniger Stabilitätsanker für Währungen. James Rickards, weltweit bekannter Ökonom und Bestsellerautor von »Währungskrieg« und »Die Geldapokalypse«, weiß: Eine Golddeckung unserer Währungen würde eine Vielzahl der aktuellen wirtschaftlichen Probleme lösen. Die Märkte würden beruhigt und die Gefahr einer Inflation deutlich gesenkt. Doch dazu müssten Zentralbanken und Politik endlich einsehen, dass das Loslösen der Währung von einem Goldanker ein Irrweg ist. Noch ist es nicht zu spät. Rickards neues Werk zeigt praktikable Wege auf, die Fehlentwicklungen in unseren Währungssystemen umzukehren, und hält zudem Strategien für Sie als Privatanleger vor, um sich vor der nächsten schweren Krise von ungedecktem Geld zu schützen. Der USA Today- und New York Times-Bestseller erstmals auf Deutsch.

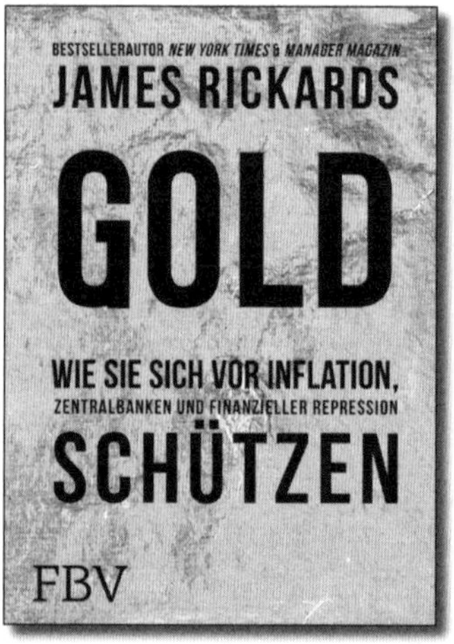

208 Seiten | Hardcover | 19,99 € (D) | 20,60 € (A) | ISBN 978-3-95972-130-1

Entspannt in Immobilien investieren

Erik Renk, Paul Hinrichs

Wer langfristig seine finanzielle Freiheit erreichen möchte, kommt an Immobilien nicht vorbei. Doch erfordert es oftmals eine Menge Zeit und Know-how, die richtige Immobilie zu finden, sie zu erwerben und dann auch noch Gewinn daraus zu schlagen. Die beiden Autoren zeigen, wie jeder langfristig, erfolgreich und entspannt in Immobilien investieren kann. Sie bieten Einsteigern alle notwendigen Informationen zu essenziellen Erfolgsfaktoren wie den optimalen Einkaufskonditionen, einer soliden Finanzierung oder der richtigen Bewirtschaftung, und zeigen, wie man mit einer aktiven Strategie und einem überschaubaren Zeiteinsatz enorme Potenziale verwirklichen kann. Aber auch der bereits erfahrene Immobilien-Investor bekommt viele nützliche Tipps zum Thema Investieren in Wohnimmobilien an die Hand.

288 Seiten | Hardcover | 17,99 € (D) | 18,50 € (A) | ISBN 978-3-95972-342-8

Rohstoffe – Der attraktivste Markt der Welt

Jim Rogers

Jim Rogers ist eine Legende der Wall Street. Seit über 30 Jahren tradet der Börsenprofi so erfolgreich wie kaum ein anderer. Er kennt sich in den weltweiten Finanzmärkten aus und sieht die Trends der Zukunft, bevor andere sie entdecken. Den nächsten Bullenmarkt hat er bereits ausgemacht: Rohstoffe. Ob Gold, Zucker, Kaffee oder Nickel - jeder Rohstoff ist für Investoren und Trader interessant. Jim Rogers vermittelt in diesem Buch die Grundlagen des Rohstoffhandels. Dabei fließen seine Erfahrungen aus zwei Weltreisen und aus 30 Jahren professionellen Tradings ein. Jim Rogers nimmt den Leser bei der Hand und führt in Schritt für Schritt in die Welt des Rohstoffhandels ein. Er zeigt auf, inwiefern sich der Handel mit Rohstoffen von dem mit Immobilien, Aktien oder Fonds unterscheidet. Außerdem erklärt er, wo und wann man Rohstoffe richtig tradet und wie man mit Rohstoffen profitabel investiert. Das Wesentliche zum Thema Rohstoffe - in einem unglaublich unterhaltsamen Buch.

304 Seiten | Softcover | 24,99 € (D) | 25,70 € (A) | ISBN 978-3-95972-765-8

Die Wohlstandsvernichter

Claus Vogt, Roland Leuschel

Die Zentralbankbürokraten haben eine Interventionsspirale angestoßen, deren innere Logik ihnen scheinbar keine andere Wahl lässt, als immer radikalere Markteingriffe vorzunehmen, um gegen die unerwünschten Nebenwirkungen ihrer eigenen Geldpolitik anzukämpfen. So haben die Zentralbanken riesige Spekulationsblasen hervorgerufen, die verheerende Auswirkungen auf die Finanzmärkte und die Realwirtschaft haben. Darüber hinaus haben sie einen Umverteilungsprozess in Gang gesetzt, der Europa spaltet und politischen Extremismus fördert. Claus Vogt und Roland Leuschel, beide erfahrene Finanzanalysten, gehen hart mit der Geldpolitik der vergangenen Jahre ins Gericht: Diesem Treiben muss Einhalt geboten werden. Denn am Ende dieser verantwortungslosen Politik steht entweder ein totalitärer Staat, der von einem Zentral(bank)komitee beherrscht wird, oder der Zusammenbruch des bestehenden Währungs- und Finanzsystems – mit all seinen Folgen.

272 Seiten | Hardcover | 19,99 € (D) | 20,60 € (A) | ISBN 978-3-95972-896-9